EL LIBRO DEL TÉ

百十一

EL LIBRO DEL TÉ

Kakuzō Okakura

Lu Yu

Traducción:

Juan José García Izquierdo

Título original: The Book of Tea by Kazuko Okakura & Cha Ching (The Holy Scripture of Tea) by Luwuh

Traducción: Juan José García Izquierdo

ISBN: 978-84-129722-8-3
EAN: 9788412982283
IBIC: DNF

QUATERNI
Calle Mar Mediterráneo, 2 – N-6
28830 SAN FERNANDO DE HENARES, Madrid
Teléfono: +34 91 677 57 22
Correo electrónico: info@quaterni.es
Internet: www.quaterni.es

Diseño de colección: Quaterni
Diseño de cubierta: Joan Carles Albalat
Maquetación: Grupo RC
Impresión: Villena Artes Gráficas
Depósito Legal: M-22623-2025
Impreso en España

29, 28, 27, 26, 25 (10)

El papel utilizado en esta impresión es ecológico y libre de cloro

Índice

Introducción

El té es una infusión que se realiza con las hojas y brotes de la planta del té (*Camellia sinensis*). Esta planta procede del sur de China y, según cuenta la leyenda, fue descubierta por el monje persa Bodhi-Dharma, primer patriarca zen chino, quien lo usaba como tónico medicinal y reconfortante durante sus largos viajes. Sin embargo, existe otra leyenda que atribuye su descubrimiento al emperador Shennong, quien, para evitar enfermedades entre la población, ordenó hervir toda el agua destinada para el consumo humano. Un día, mientras descansaba a la sombra de un árbol de té, una ligera brisa agitó las ramas del árbol, desprendiendo varias hojas que cayeron en el agua hirviendo. La infusión adquirió entonces un aroma agradable que despertó su curiosidad. El intenso sabor de aquella extraña mezcla le cautivó al instante.

Sea cual sea el origen de su descubrimiento, su consumo se extendió rápidamente por toda Asia y posteriormente, ya en el siglo XVII, por toda Europa de la mano de la Compañía Neerlandesa de las Indias Orientales. Hoy en día es la segunda bebida más consumida del mundo, solo por detrás del agua.

Para una editorial especializada en literatura del Lejano Oriente y en particular japonesa, es un honor, a la vez que una gran responsabilidad, publicar este clásico de 1906 escrito por Kakuzō Okakura.

Un honor porque se trata de una obra maestra de la literatura japonesa, un libro imprescindible para comprender su historia y tradiciones, su cultura y filosofía, incluso su religión y espiritualidad, además de su particular manera de entender el mundo. Leer *El libro del té* y comprender la ceremonia que se celebra a su alrededor (*cha-no-yu*), es profundizar en las raíces de Japón, impregnarnos de su verdadera esencia.

Pero es, además, una gran responsabilidad por un doble motivo. El primero porque existen numerosas ediciones de este libro, escritas en múltiples idiomas, incluido el nuestro, por lo que resulta harto complicado publicar, a estas alturas, un libro distinto, que realmente merezca el honor de ocupar un hueco en las estanterías de sus casas o en sus bibliotecas personales. La segunda razón es que desde nuestro nacimiento, allá por 2008, sentíamos que con este libro teníamos una deuda pendiente con todos ustedes, tal vez con nosotros mismos. Deuda que en algún momento debíamos saldar.

Finalmente, ese momento ha llegado. El resultado es el libro que tiene en sus manos. En él, como en todos nuestros títulos, hemos puesto todo el mimo del mundo, tratando de hacer una edición especial, diferente, tanto en cuanto al continente, al objeto (hemos querido crear un libro que merezca la pena conservar e incluso, si nos permiten la expresión, sacar de paseo para presumir de él), como en cuanto al contenido, con una nueva traducción mucho más actual que ofrece al lector, además de ilustraciones de *ukiyo-e* relacionadas con esta popular bebida, numerosas anotaciones y explicaciones que enriquecen y profundizan en el conocimiento del té, de la ceremonia que le rodea, y del contexto histórico en que está ambientado. Asimismo, hemos incluido en esta edición *El sutra del té*, el clásico chino de Lu Yu que constituye el primer tratado sobre el té del que se tiene conocimiento y en el que se basó el propio Kakuzō Okakura para crear su obra.

Libros del té hay muchos. Este es el nuestro.

El libro del té

Naniwaya Okita, Kitagawa Utamaro (1793)

La taza de la humanidad

El té comenzó como una medicina y terminó convirtiéndose en una bebida. En China, en el siglo VIII, entró en el terreno de la poesía como uno de los más educados entretenimientos. El siglo XV vio a Japón ennoblecerlo hasta convertirlo en una religión de la estética: el *teaism* o teaísmo. El teaísmo es un culto fundado en la adoración de lo bello entre los hechos sórdidos de la existencia cotidiana. Inculca la pureza y la armonía, el misterio de la caridad mutua, el romanticismo del orden social. Es esencialmente un culto a lo imperfecto, ya que es un delicado intento de lograr algo imposible en la inmensidad de imposibles que conocemos como vida.

La filosofía del té no es simple esteticismo en la común aceptación del término, puesto que expresa, conjuntamente con la ética y la religión, nuestro completo punto de vista sobre el ser humano y la naturaleza. Es higiene, pues ejecuta limpieza; es economía, pues muestra la comodidad en la sencillez en lugar de lo complejo y lo costoso; es geometría moral, en la medida en que define nuestro sentido de proporción con el universo. Representa el verdadero espíritu de la democracia oriental al hacer que todos sus devotos sean aristócratas en el gusto.

El largo aislamiento de Japón respecto al resto del mundo, que les condujo a su introspección, ha sido sumamente favorable para el desarrollo del teaísmo. Nuestras casas y hábitos, vestimenta y cocina, porcelana, barnizados, pinturas, y toda nuestra literatura, han sido todos ellos objeto de esta influencia. Ningún estudiante de la cultura japonesa puede jamás ignorar su presencia. Ha impregnado la elegancia de los aposentos de los nobles y ha entrado en la morada de los humildes. Nuestros campesinos han aprendido a tratar las flores, nuestro trabajador más humilde a ofrecer su saludo a las rocas y las aguas. En nuestro lenguaje corriente hablamos del hombre «sin té», cuando este es insensible a los dramas personales pseudo-dramáticos del día a día. Nuevamente estigmatizamos al esteta[1] indómito que, a pesar de la tragedia mundana, se desenfrena en la marea de las emociones emancipadas, como alguien «con demasiado té» en él.

El forastero puede de hecho maravillarse ante este aparente ruido sobre nada. ¡Cuánta tempestad en una taza de té!, dirá. Pero cuando consideramos lo pequeña

1 Persona que considera el arte como un valor esencial. Directamente unido con el esteticismo.

que es, después de todo, la copa del disfrute humano; lo rápido que se llena de lágrimas, cuán fácilmente vaciada hasta los posos en nuestra insaciable sed de infinito, no nos culparemos por haber hecho tanto de la taza de té. La humanidad lo ha hecho mal. En el culto de Baco, hemos sacrificado demasiada libertad, e incluso hemos transfigurado la imagen sangrienta de Marte. ¿Por qué no consagrarnos a la reina de las camelias[2], y nos deleitamos con la cálida corriente de simpatía que fluye de su altar? En el líquido ambarino sobre porcelana de marfil, el iniciado puede tocar la dulce reticencia de Confucio, el picor de Laotse y el aroma etéreo del mismo Sakyamuni[3].

Aquellos que no pueden sentir la insignificancia de las grandes cosas en sí mismos tienden a pasar por alto la grandeza de las pequeñas cosas de los demás. El occidental prototípico, en su elegante complacencia, verá en la ceremonia del té otro ejemplo de las mil y una rarezas que constituyen para él la singularidad e infantilidad de Oriente. Este solía considerar a Japón como un bárbaro mientras que esta nación se entregaba a las suaves artes de la paz: y este la llamó civilizada desde que comenzó a cometer masacres al por mayor en los campos de batalla de Manchuria. Muchos comentarios se han realizado

2 Camelia: Flor del camelio, inodora, de color blanco, rojo o rosa, y a veces jaspeada.
Camelio: Arbusto de la familia de las teáceas, originario del Japón y de China, de hojas perennes, lustrosas y de un verde muy vivo y flores inodoras.

3 Más conocido como Gautama Siddartha o Buda.

después sobre el Código del Samurái, el Arte de la Muerte por el que nuestros soldados se regocijan por el propio sacrificio; pero apenas se ha prestado atención al teaísmo, que representa tanto de nuestro Arte de la Vida. De buena gana seguiríamos siendo bárbaros, si nuestro derecho a la civilización se basara en la espantosa gloria de la guerra. De buena gana aguardaríamos el momento en que se respeten debidamente nuestro arte y nuestros ideales.

¿Cuándo entenderá el oeste, o al menos tratará de entender, al este? A menudo nosotros los asiáticos nos sentimos consternados por la curiosa telaraña de hechos y fantasías que se han tejido sobre nosotros. Se nos representa viviendo del perfume del loto, o si no de ratones y cucarachas. Se nos tacha o de fanatismo impotente o de abyecta voluptuosidad. La espiritualidad india ha sido ridiculizada como ignorancia, la sobriedad china como estupidez, el patriotismo japonés como resultado del fatalismo. ¡Se ha dicho que somos menos sensibles al dolor y a las heridas debido a la insensibilidad de nuestro sistema nervioso!

¿Por qué no se iban a divertir a nuestra costa? Asia devuelve el cumplido. Habría mucho más alimento para la alegría si se supiera todo lo que hemos imaginado y escrito sobre ustedes. Todo el glamur de la perspectiva está ahí, todo el homenaje inconsciente del asombro, todo el resentimiento silencioso de lo nuevo e indefinido. Os han cargado de virtudes demasiado refinadas para ser envidiadas, y os han acusado de crímenes demasiado pintorescos para ser condenados. Nuestros escritores del pasado, los eruditos que lo sabían, nos informaron de que en algún lugar escondido de vuestras prendas estabais rebosantes de energía y entusiasmo, ¡y que a menudo cenáis un fricasé[4] de bebés recién nacidos! No, teníamos algo peor contra vosotros: solíamos pensar que erais la gente más impracticable de la Tierra, porque se decía que predicabais lo que nunca practicabais.

Tales conceptos erróneos están desapareciendo rápidamente en nuestro entorno. El comercio internacional ha impuesto las lenguas europeas en muchos puertos del este. Los jóvenes asiáticos acuden en masa a las universidades occidentales en busca del equipamiento de la educación moderna. Nuestro conocimiento no penetra profundamente en vuestra cultura, pero al menos nosotros estamos dispuestos a aprender. Algunos de mis compatriotas han adoptado demasiado vuestras costumbres y vuestro estilo de vida, en el profundo engaño de que la adquisición de cuellos rígidos y sombreros altos de seda constituía la consecución del logro de vuestra civilización. Por patéticas y deplorables que sean estas afectaciones, demuestran nuestra voluntad de acercarnos a Occidente de rodillas. Lamentablemente, la actitud occidental es desfavorable para la comprensión de Oriente. El misionero cristiano siempre va dispuesto a impartir, pero no a recibir. Su información sobre nosotros se basa, además de en las poco fiables anécdotas de los viajeros que pasan por nuestra cultura, en las escasas

4 Guiso de comida francesa cuya salsa se bate con huevos.

traducciones de nuestra inmensa literatura. Rara vez la pluma caballeresca de Lafcadio Hearn[5] o la del autor de *The Web of Indian Life*[6] aviva la oscuridad oriental con la antorcha de nuestros propios sentimientos.

Quizá esté traicionando mi propia ignorancia del culto del té al ser tan franco. Su mismo espíritu de cortesía exige que diga lo que se espera que diga, y nada más. Pero no debo ser un teaísta del todo educado. Ya se ha hecho demasiado daño por el malentendido mutuo entre el Nuevo Mundo y el Viejo, tanto que uno no necesita disculparse por contribuir con su diezmo para promover una mejor comprensión. El comienzo del siglo XX se habría evitado el espectáculo de una guerra sanguinaria si Rusia se hubiera dignado a conocer mejor a Japón. ¡Qué consecuencias nefastas para la humanidad yacieron en el desprecio de ignorar los problemas orientales! El imperialismo europeo, que no desdeña lanzar el grito absurdo

5 Patrick Lafcadio Hearn fue un periodista, traductor, orientalista y escritor británico que dio a conocer la cultura japonesa en Occidente. Mantuvo su nacionalidad británica durante la mayor parte de su vida, hasta que, tras llevar un tiempo establecido en Japón, se nacionalizó en ese país, adoptando el nombre de Yakumo Koizumi.

6 *The Web of Indian Life* (1904) es un libro escrito por la hermana Nivedita. Este libro es una colección de ensayos y causó sensación cuando se publicó por primera vez.

de Peligro Amarillo[7], no se da cuenta de que Asia también puede despertar al cruel sentido del Desastre Blanco[8]. Puede que se rían de nosotros por tomar «demasiado té», pero ¿no podemos sospechar que ustedes, los occidentales, «no tienen té»[9] en su constitución?

Evitemos que los continentes se lancen epigramas unos a otros, y seamos más tristes, si no más sabios, por la ganancia mutua de medio hemisferio. Nuestras culturas se han desarrollado en diferentes líneas, pero no hay razón por la que uno no deba complementar al otro. Ustedes han ganado expansión a costa de la inquietud; nosotros hemos creado una armonía que es débil frente a

7 Metáfora racista que se originó en el siglo XIX, para ofrecer desde Occidente una imagen de las personas orientales y establecer una clara diferencia de raza con los propios occidentales. Esta imagen creada de los orientales tuvo principalmente una consideración negativa hacia ellos, y fue usada como excusa y pretexto para el trato político, económico y militar de Occidente.

8 Referencia que aparece desarrollada en el libro *El despertar de Japón*, publicado en 1904, también escrito por Okura. Argumenta que «la gloria de Occidente es la humillación de Asia». Esta fue una expresión temprana del panasiático.
Okakura señala que la rápida modernización de Japón no fue aplaudida universalmente en Asia: «Nos hemos vuelto tan ansiosos por identificarnos con la civilización europea en lugar de la asiática que nuestros vecinos continentales nos consideran renegados, es más, incluso como una encarnación de la civilización blanca. Desastre en sí mismo».

9 Referencia con la que Okura quiere significar que el hombre occidental «es insensible a los dramas personales pseudo-dramáticos del día a día».

las agresiones. ¿Lo creerán ustedes? ¡Oriente está mejor en algunos aspectos que Occidente!

Curiosamente, la humanidad se ha encontrado hasta ahora alrededor de una taza de té. Es el único ceremonial asiático que goza de la estima universal. El hombre blanco se ha burlado de nuestra religión y nuestra moral, pero ha aceptado la bebida dorada sin dudarlo. El té de media tarde tiene ahora una importante función en la sociedad occidental. En el delicado traqueteo de bandejas y platillos, en el suave susurro de la hospitalidad femenina, en el catecismo común sobre la nata y el azúcar, sabemos que el culto al té está establecido más allá de toda duda. La resignación filosófica del huésped al destino que le aguarda en la dudosa decocción proclama que en este único caso el espíritu oriental reina por encima, supremo.

Se dice que la primera aparición del té en la escritura europea fue en la narración de un viajero árabe, que establece que después del año 879 d. C. las principales fuentes de ingresos en Canton fueron los impuestos sobre la sal y el té. Marco Polo registró la destitución de un ministro de finanzas chino en 1285 por su aumento arbitrario de los impuestos al té. Fue en el período de los grandes descubrimientos cuando los europeos empezaron a conocer más sobre el Oriente más profundo. A finales del siglo XVI, los holandeses llevaron la noticia de que en Oriente se preparaba una bebida agradable con las hojas de un arbusto. Los viajeros Giovanni Batista Ramusio (1559), L. Almedia (1576), Maffeno (1588) y Tareira (1610) también mencionaron el té en sus expediciones. En este

Ceremonia del té a las 9 a.m. - Escenas de las 24 horas, Toyohara (1835-1900)

último año, los barcos de la Compañía Neerlandesa de las Indias Orientales[10] llevaron el primer té a Europa. Fue conocido en Francia en 1636, y llegó a Rusia en 1638. Inglaterra lo acogió en 1650 y lo calificó como «esa bebida procedente de China, excelente y aprobada por todos los médicos, llamada por los chinos Tcha, y por otras naciones Tay, alias Tee».

Como todas las cosas buenas en el mundo, la propagación del té se topó con oposición. Herejes como Henry Saville (1678) denunciaron que beberlo era una costumbre inmunda. Jonas Hanway («Ensayo del Té», 1756) dijo que los hombres parecían perder su estatura y su gracia, y las mujeres su belleza, mediante el consumo del té. Al principio su coste (alrededor de quince o dieciséis chelines[11] la libra[12]) prohibía el consumo popular y lo convertía en «regalía para altos tratamientos y entretenimientos, siendo estos para hacer regalos a príncipes y grandes señores». Sin embargo, a pesar de tales inconvenientes, el consumo del té se extendió con

10 La Compañía Neerlandesa de las Indias Orientales, también conocida como Compañía Holandesa de las Indias Orientales, se estableció el 20 de marzo de 1602, cuando los Estados Generales de los Países Bajos le concedieron un monopolio de 21 años para realizar actividades comerciales en Asia. Fue la primera corporación multinacional en el mundo y la primera compañía que publicaba sus ganancias.

11 Moneda usada en el Reino Unido hasta 1971, equivalente a la vigésima parte de una libra esterlina.

12 La libra es usada desde la antigua Roma como unidad de peso. Una libra actual equivale a 0,453 kilogramos.

maravillosa rapidez. Las cafeterías de Londres de la primera mitad del siglo XVIII se convirtieron, de hecho, en casas de té, el centro turístico de genios como Addison y Steele[13], que quedaban cautivados por su «servicio de té». La bebida pronto se convirtió en una necesidad para la vida, una materia libre de impuestos. A este respecto, se nos recuerda el importante papel que desempeña en la historia moderna. La América colonial se resignó a la opresión hasta que la resistencia humana cedió ante los pesados deberes impuestos al té. La Independencia de Estados Unidos comienza con el lanzamiento de cofres de té al puerto de Boston.

Hay un encanto sutil en el sabor del té que lo hace irresistible y capaz de idealización. Los humoristas occidentales no tardaron en mezclar la fragancia de su pensamiento con su aroma. No tiene la arrogancia del vino, ni la vergüenza del café, ni la tímida inocencia del cacao. Ya en 1711, *The Spectator* dice: «Sin duda recomendaría de manera particular estas mis especulaciones a todas las familias bien conformadas que dedican una hora cada mañana para el té, el pan y la mantequilla; y les aconsejaría encarecidamente que, por su bien, encarguen que este periódico se sirva puntualmente y pueda

---

13 Joseph Addison (Milston, Wiltshire, Inglaterra, 1 de mayo de 1672-Holland House, Kensington, 17 de junio de 1719) fue un escritor y político británico.
Richard Steele (bautizado el 12 de marzo de 1672 - fallecido en Llangunnor el 1 de septiembre de 1729) fue un escritor y político irlandés. Juntos fundaron en 1711 la revista *The Spectator*.

ser considerado como parte del equipaje del té». Samuel Johnson[14] dibuja su propio retrato como «un bebedor de té endurecido y desvergonzado, que durante veinte años diluyó sus comidas únicamente con la infusión de la fascinante planta; quien con té divirtió la noche, con té consoló la medianoche y con té dio la bienvenida a la mañana».

Charles Lamb[15], un devoto profeso, hizo resonar el verdadero sentido del teaísmo cuando escribió que el mayor placer que conocía era hacer una buena acción con sigilo y que se descubriera por accidente. Porque el teaísmo es el arte de ocultar la belleza para que puedas descubrirla, de sugerir lo que no te atreves a revelar. Es el noble secreto de reírse de uno mismo, con calma pero a fondo; y es, por tanto, el humor mismo, la sonrisa de la filosofía. En este sentido, todos los humoristas genuinos pueden considerarse filósofos del té; Thackeray, por ejemplo, y Shakespeare, por supuesto. Los poetas de la

14 Samuel Johnson, por lo general conocido simplemente como el Dr. Johnson (Lichfield, Staffordshire, 18 de septiembre de 1709-Londres, 13 de diciembre de 1784), es una de las figuras literarias más importantes de Inglaterra: poeta, ensayista, biógrafo, lexicógrafo, es considerado por muchos como el mejor crítico literario en idioma inglés. Johnson era poseedor de un gran talento y de una prosa con un estilo inigualable.

15 Charles Lamb (Londres, 10 de febrero de 1775-Edmonton, 27 de diciembre de 1834) fue un ensayista inglés de ascendencia galesa, principalmente reconocido por su obra *Essays of Elia* y por el libro de cuentos *Tales from Shakespeare*, escrito en colaboración con su hermana, Mary Lamb (1764-1847).

Decadencia[16] (¿cuándo no ha estado el mundo en decadencia?), en sus protestas contra el materialismo, también han abierto, en cierta medida, el camino al teaísmo. Quizá sea nuestra recatada contemplación del imperfecto de hoy en día lo que puede hacer que Occidente y Oriente se puedan encontrar en un consuelo mutuo.

Los taoístas relatan que en el gran comienzo del No-Principio, el Espíritu y la Materia se encontraron en un combate mortal. Por fin, el Emperador Amarillo, el Sol del Cielo, triunfó sobre Shuhyung, el demonio de la oscuridad y la tierra. El titán, en su agonía de muerte, se golpeó la cabeza contra la bóveda solar e hizo pedazos la cúpula azul de jade en infinidad de fragmentos. Las estrellas perdieron sus nidos, y la luna vagó sin rumbo entre los abismos salvajes de la noche. Desesperado, el Emperador Amarillo buscó por todas partes al reparador de los Cielos. No tuvo que buscar por largo tiempo. Del mar del Este surgió una reina, la divina Niuka, con corona de cuernos y cola de dragón, resplandeciente en su armadura de fuego. Ella soldó el arcoíris de colores en su caldero mágico y reconstruyó el cielo de China. Pero se dice que Niuka se olvidó de llenar dos pequeñas

16 El decadentismo es una corriente artística, filosófica y, principalmente, literaria que tuvo su origen en Francia en las dos últimas décadas del siglo XIX y se desarrolló por casi toda Europa y algunos países de América. La denominación de decadentismo surgió como un término despectivo e irónico empleado por la crítica académica, sin embargo, la definición fue adoptada por aquellos a quienes iba destinada.

grietas en el firmamento azul. Así comenzó el dualismo del amor: dos almas rodando por el espacio y nunca en reposo, hasta que se unen para completar el universo. Todos deben construir de forma diferente su cielo de esperanza y de paz.

El cielo de la humanidad moderna se hace añicos en la lucha ciclópea por la riqueza y el poder. El mundo anda a tientas a la sombra del egoísmo y la vulgaridad. El conocimiento se compra con mala conciencia, la benevolencia se practica en aras de la utilidad. Oriente y Occidente, como dos dragones arrojados a un mar en agitación, se esfuerzan en vano por recuperar la joya de la vida. Necesitamos un nuevo Niuka para reparar la gran devastación, esperamos la gran reencarnación. Mientras tanto, tomemos un sorbo de té. El resplandor de la tarde ilumina los bambúes, las fuentes fluyen de alegría, el susurro de los pinos se oye en nuestra tetera. Soñemos con la evanescencia y demorémonos en la hermosa estupidez de las cosas.

Las escuelas del té

El té es una obra de arte y necesita de una mano experta que pueda explotar sus cualidades más nobles. Tenemos té bueno y té malo, del mismo modo que tenemos cuadros buenos y cuadros malos, por lo general estos últimos son la mayoría. No hay una única receta para hacer que el té sea perfecto, así como no hay reglas para producir un Tiziano o un Cezanne. La preparación de cada una de las hojas tiene su individualidad, su propia afinidad con el agua y el calor, su propio método de contar una historia. La verdadera belleza debe estar siempre en ella. Cuánto no habremos sufrido por el constante fracaso de la sociedad en reconocer esta ley tan simple y fundamental en el arte y en la vida; Lichilai, un poeta Sung[17],

17 La dinastía Song, escrito como Sung, fue una dinastía gobernante en China entre los años 960 y 1279; que sucedió al período de las *Cinco Dinastías* y los *Diez Reinos* y fue sucedida por la dinastía Yuan.

Ceremonia del té, Toyohara Chikanobu (1888)

señaló tristemente que existen tres cosas deplorables en el mundo que sobresalen a las demás: echar a perder a los buenos jóvenes mediante una falsa educación, la degradación de las bellas artes a través de la vulgar admiración, y el total desperdicio del buen té mediante una manipulación incompetente.

Como el arte, el té tiene sus períodos y sus escuelas. Su evolución está fuertemente dividida en tres etapas principales: el Té Hervido, el Té en Polvo (o molido) y el Té Empapado (o en infusión). Nosotros, los de la era moderna, pertenecemos a los de esta última escuela. Estos diversos métodos de apreciar la bebida son indicativos del espíritu de la época en la que se desarrollaron. Puesto que la vida es una expresión en sí misma, nuestras acciones subconscientes son la constante traición de nuestro pensamiento más íntimo. Confucio dijo que «el hombre no esconde». Quizá revelamos demasiado de nosotros mismos en las pequeñas cosas porque tenemos tan poco que ocultar de las grandes. Los pequeños incidentes de nuestra rutina diaria son tanto un comentario de los ideales raciales como el vuelo más elevado de la filosofía o la poesía. Incluso cuando la diferencia en la cosecha favorita marca las separadas idiosincrasias de diferentes períodos y nacionalidades de Europa, así los ideales sobre el té caracterizan los distintos modos de ser de la cultura oriental. El pastel de té que se hirvió, el té en polvo que se batió, o el té de hojas que se remojó, marcan los distintos impulsos emocionales de las dinastías Tang, Sung y Ming de China. Si nos inclinásemos a tomar prestada la tan abusada terminología de la clasificación del arte, podríamos designarlas respectivamente como las escuelas del Té Clásico, el Té Romántico y el Té Naturalista.

La planta del té, nativa del sur de China, era conocida desde el principio de los tiempos por los botánicos y los médicos chinos. En los clásicos, se refieren a ella de diversas maneras, bajo nombres como el de *Tou*, *Tseh*, *Chung*, *Kha* y *Ming*, y era altamente valorada por poseer las virtudes de mitigar la fatiga, deleitar el alma, fortalecer la voluntad y reparar el sentido de la vista. No solamente era administrada como dosis internas, sino que a menudo se aplicaba externamente en forma de emplasto para aliviar dolores reumáticos. Los taoístas afirmaron que eran un importante ingrediente del elixir de la inmortalidad. Los budistas la utilizaron con mucha frecuencia para prevenir la somnolencia durante sus largas horas de meditación.

Entre los siglos IV y V, el té se convirtió en la bebida favorita entre los habitantes del valle de Yangtse-Kiang[18]. Fue entonces cuando el moderno sobrenombre de Cha fue acuñado, evidentemente como una corrupción del término clásico «Tou». Los poetas de las dinastías sureñas han dejado algunos fragmentos de su ferviente adoración de «la espuma del jade líquido». Entonces, los emperadores solían otorgar una rara preparación de las hojas a sus altos ministros como recompensa por sus eminentes servicios. Sin embargo, el método de beber té en esta etapa era extremadamente primitivo. Las hojas se cocían al vapor, se trituraban en un mortero, se hacía un pastel con ellas y se hervían junto con arroz, jengibre, sal, cáscara de naranja, especias, leche y, a veces, ¡hasta con cebollas! La costumbre prevalece en la actualidad entre los tibetanos y varias tribus de Mongolia, que elaboran un curioso jarabe de estos ingredientes. El uso de rodajas de limón por parte de los rusos, que aprendieron a tomar té de los

18 El río Yangtsé es un largo río de China, el mayor del país y del continente asiático, que fluye en direcciones SE y E a través de ocho provincias, las municipalidades de Chongqing y Shanghái, y la región autónoma del Tíbet, hasta desaguar en el mar de la China Oriental, cerca de Shanghái. Tiene una longitud de 6300 km, el tercero más largo del mundo, tras el Amazonas y el Nilo.

caravasares[19] chinos, apunta a la supervivencia del antiguo método.

Fue necesario el ingenio de la dinastía Tang para emancipar al té de su crudo estado y llevarlo a su idealización final. A mediados del siglo VIII encontramos a Luwuh[20], nuestro primer apóstol del té. Nació en una época en la que el budismo, el taoísmo y el confucionismo estaban buscando una síntesis mutua. El simbolismo panteísta de la época instaba a uno a reflejar lo universal en lo particular. Luwuh, poeta, vio en el servicio del té la misma armonía y orden que reinaba en todas las cosas. En su aclamada obra, el «Cha Jing» (*La Sagrada Escritura del Té*), formuló el código del té. Desde entonces ha sido adorado como el dios tutelar de los comerciantes del té.

El «Cha Jing» está constituido por tres volúmenes y diez capítulos. En el primer capítulo Luwuh trata la naturaleza de la planta del té; en el segundo, los implementos para la recolección de las hojas; en el tercero, la selección de las mismas. Tal y como dice, las hojas de mejor calidad deben tener «arrugas como la bota de cuero de los jinetes tártaros, debe curvarse como la papada de un

19 Un caravasar es un antiguo tipo de edificación surgido a lo largo de los principales caminos donde las caravanas que hacían largos viajes de muchas jornadas (de comercio, peregrinaje o militares) podían pernoctar, descansar y reponer a los viajeros y animales. En Oriente Medio a menudo se les llama por su nombre persa *khan*.

20 Maestro y escritor chino del té. Es respetado como el sabio del té por su contribución a la cultura china del té. Es conocido por su libro *The Classic of Tea*, el primer trabajo definitivo sobre cómo cultivar, preparar y beber té.

poderoso buey, desplegarse como la niebla que surge de un barranco, brillar como un lago tocado por un céfiro, y que sea húmeda y suave como la tierra fina recién barrida por la lluvia».

El cuarto capítulo está dedicado a la enumeración y la descripción de los veinticuatro utensilios del equipaje del té, comenzando por el brasero trípode y terminando con el armario de bambú para guardar todos los utensilios. En este sentido percibimos la predilección de Luwuh sobre el simbolismo taoísta. También en este capítulo es interesante observar la influencia del té en la cerámica china. La porcelana celestial, como es conocida, tiene su origen en un intento de reproducir la exquisita tonalidad del jade, dando como resultado, en la dinastía Tang, el esmalte azul del sur y el esmalte blanco del norte. Luwuh consideraba el azul como el color ideal para una taza de té, puesto que le proporciona un verdor adicional a la bebida, mientras que el blanco la hacía parecer rosada y desagradable. La razón de ello era porque usaba el té hervido. Más tarde, cuando los maestros del té de la dinastía Sung tomaron el té en polvo, prefirieron cuencos pesados de color negro azulado y marrón oscuro. La dinastía Ming, con su té impregnado, se regocijaron con los artículos ligeros de porcelana blanca.

En el quinto capítulo, Luwuh describe el método de hacer té. Elimina todos los ingredientes excepto la sal. También se detiene en la muy discutida cuestión de la elección del agua y el grado de hervor de la misma. Según dice, el agua de las montañas en primavera es la mejor, a la que le siguen en orden de excelencia el agua de río y el agua de lluvia de primavera. Hay tres estados de hervor del agua: el primer estado es cuando pequeñas burbujas como ojos de pez nadan por la superficie; el segundo estado es cuando las burbujas son como cuentas de cristal rodando en una fuente; y el último estado es cuando las olas surgen salvajemente en la tetera. El pastel de té se tuesta sobre el fuego hasta que se vuelve suave como el brazo de un bebé,

Ceremonia del té, Yōshū Chikanobu (1895)

y se desmenuza en polvo entre trozos de fino papel. La sal se pone en la primera fase del hervor del agua, y el té en la segunda. En la tercera fase del hervor de la misma, se vierte un cucharón de agua fría en la tetera para asentar el té y revivir la «juventud del agua». Después, la bebida se vierte en tazas y se bebe. ¡Maravilloso néctar! Las hojas

transparentes cuelgan como nubes escamosas en un cielo sereno, o como nenúfares en arroyos esmeralda. Fue de tal bebida que Lotung, un poeta Tang, escribió: «La primera copa hace que mis labios y mi garganta se humedezcan, la segunda copa rompe mi soledad, la tercera copa busca mi estéril entraña pero para encontrar en ella unos cinco mil volúmenes de extraños ideogramas. La cuarta copa sube un ligero sudor, todo el mal de la vida pasa por mis poros. En la quinta copa soy purificado; la sexta copa me llama a los reinos de los inmortales. La séptima copa… ¡ah, ya no puedo más! Solo siento el soplo de viento fresco que se eleva en mis mangas. ¿Dónde está Horaisan[21]? Déjame montar en esta dulce brisa y alejarme de aquí».

Los capítulos restantes del «Cha Jing» tratan sobre la vulgaridad de los métodos ordinarios de beber té, un sumario histórico de ilustraciones de bebedores de té, las plantaciones de té más famosas de China, las posibles variaciones del servicio del té, e ilustraciones de los utensilios del té. Lamentablemente, el último se ha perdido.

La aparición del «Cha Jing» sin duda tuvo una acogida considerable en su tiempo. Luwuh era íntimo amigo del emperador Taisung (763–779), y su fama atrajo a muchos seguidores. Se decía que algunos de los bebedores de té más exquisitos habían podido detectar el té hecho

21 *Horaisan* o *horaijima*, son términos que se utilizan para referirse a una isla inaccesible que generalmente forma parte de un jardín japonés, y a menudo se traducen como «Montaña del tesoro» o «Isla del tesoro». respectivamente. El nombre proviene de Horai, una isla china importante en la mitología japonesa.

por Luwuh a partir del de sus discípulos. Los mandarines tienen su nombre inmortalizado por no haber podido apreciar el té de este gran maestro.

En la dinastía Sung el té en polvo se convirtió en tendencia y creó la segunda escuela del té. Las hojas eran molidas en un pequeño molino de piedra hasta convertirlas en un fino polvo, y la preparación se mezclaba en agua caliente con un delicado batidor hecho de una rama de bambú. El nuevo proceso indujo algunos cambios en el equipaje del té descrito por Luwuh, así como en la selección de las hojas. Se descartó la sal por completo. El entusiasmo de los Sung por el té no conocía límites. Los epicúreos competían entre sí para descubrir nuevas variedades, y se celebraban torneos regulares para decidir su superioridad. El emperador Kiasung (1101–1124), que era un artista demasiado grande para ser un monarca educado, prodigó sus tesoros en la obtención de especies raras. Él mismo escribió una monografía sobre veinte tipos de té, entre los que destacaba el «té blanco» como el más raro y el de mejor calidad.

La idealización del té de los Sung difería tanto de la de los Tang que incluso diferían sus ideas sobre la vida. Buscaron actualizar lo que sus predecesores intentaron simbolizar. Para la mente neoconfuciana[22], la ley cósmica

22 El neoconfucianismo es una filosofía china moral, ética y metafísica influida por el confucianismo y que incorpora ideas del taoísmo y el budismo. Fue originada por Han Yu y Li Ao (772-841) en la dinastía Tang y tuvo un lugar prominente durante las dinastías Song y Ming.

no se reflejaba en el mundo fenoménico, pero este era la ley cósmica misma. Los eones[23] no eran más que momentos, el Nirvana[24] siempre al alcance de la mano. La concepción taoísta de que la inmortalidad yace en el constante cambio caló en todos sus modos de pensar. Era el proceso, no la meta, lo que era interesante. Era el acto de realizar las cosas, no el término, lo que era realmente vital. El hombre llegó así a verse cara a cara con la naturaleza. Un nuevo significado creció en el arte de la vida. El té comenzó a dejar de ser un pasatiempo potencial para pasar a ser uno de los métodos de la realización personal. Wangyucheng[25] elogió el té porque «inundó su alma como un llamamiento directo, pues su delicada amargura le recordó el regusto de un buen consejo». Sotumpa[26] escribió que la fuerza de la inmaculada pureza del té desafiaba la corrupción como un hombre virtuoso. Entre los budistas, el sector zen del sur, que incorpora muchas de las doctrinas taoístas, formuló un muy elaborado

23 Según la RAE: En el gnosticismo, cada uno de los seres eternos, emanados de la unidad divina, que colmaban el intervalo entre la divinidad y la materia, formando el mundo espiritual.

24 En la religión budista, estado supremo de felicidad plena que alcanza el alma y que consiste en la incorporación del individuo a la esencia divina y en la ausencia total de dolor y de deseos.
El nirvana constituye para el budismo la meta final de la vida humana que se consigue con la práctica de la virtud, la caridad, la humildad y la resignación.

25 Poeta chino de Juye en la provincia de Shandong. Ocupó un cargo en el gobierno y era conocido por sus críticas directas a las políticas; esto condujo a su eventual destierro al sur.

26 No se encuentran referencias sobre él.

ritual del té. Los monjes se reunían ante la imagen de Bodhi-Dharma[27] y bebían té de un único cuenco, con la formalidad de un sacramento sagrado. Fue este ritual zen el que finalmente se convirtió en la ceremonia del té de Japón en el siglo XV.

Por desgracia, el repentino crecimiento de las tribus mongolas en el siglo XIII, que acabaron resultando en la total devastación y conquista de China bajo el bárbaro mandato de los emperadores Yuen, destruyeron todos los frutos de la cultura Sung. La nativa dinastía de los Ming, que procuraron realizar la renacionalización a mediados del siglo XV, fue acosada por problemas internos, y China volvió a caer bajo el dominio extranjero de los manchúes en el siglo XVII. Los modales y las costumbres cambiaron, tanto que no dejaron ningún resto de los tiempos anteriores. El té en polvo se olvida por completo. Podemos encontrar algún que otro comentarista Ming que procura recordar la forma del batidor de té mencionado en los clásicos. Pero a partir de entonces el té se empieza a tomar remojando las hojas en agua caliente en un tazón o taza. La razón por la que el mundo occidental desconoce los antiguos métodos de beber té se explica por el hecho de que Europa empieza a conocerlo solo al final de la dinastía Ming.

27 Monje de origen persa, el vigésimo octavo patriarca del budismo y el primer patriarca legendario y fundador de la forma de budismo Zen o Chán. Proveniente del Imperio kushán, llegó a China bajo el reino del emperador Wu del Liang (502-549 d. C.).

Actualmente, el té chino es una bebida deliciosa, pero no ideal. Las largas aflicciones de su país le han robado el entusiasmo por el sentido de la vida. Se ha vuelto moderno, que es lo mismo que decir que se ha vuelto viejo y desencantado. Ha perdido esa sublime fe en las ilusiones que constituye la eterna juventud y vigor de los poetas antiguos. Es un ecléctico, y acepta cortésmente las tradiciones del universo. Juega con la naturaleza, pero no condesciende a conquistarla o adorarla. Su té de hojas es a menudo maravilloso con su aroma a flor, pero el romance de las ceremonias Tang y Sung ya no se encuentra en su taza.

Japón, que ha seguido de cerca los pasos de la civilización china, ha conocido el té en cada una de estas tres etapas. Ya en documentos del año 729 leemos sobre el emperador Shomu dando té a cien monjes en su palacio de Nara. Las hojas probablemente fueron importadas por nuestros embajadores a la Corte Tang y preparadas de la manera que estaba de moda. En el año 801 el monje Saichō[28] trajo algunas semillas y las plantó en Yeisan. Se

28 Monje budista japonés que fundó la rama japonesa de la Escuela Budista del Tiantai, llamada Tendaishū.
Ordenado a la edad de 13 años, estudió en China y regresó con las enseñanzas del budismo Tendai, el cual adopta el Sutra del Loto. A diferencia de otras sectas budistas en Japón, esta afirma que el mundo material puede guardar significado y significancia, que los preceptos de Buda son alcanzables para todos y no solamente para algunos elegidos. Saichō gozó del favor del gobierno, pero a veces se ganó la enemistad de los líderes de otras sectas budistas japonesas. El monasterio que construyó en el monte Hiei se convirtió en uno de los más grandes centros de aprendizaje budista.

oye hablar de muchos jardines de té en los siglos siguientes, así como del deleite de la aristocracia y el sacerdocio en la bebida. El té Sung nos llegó en 1191 con el regreso de Yeisai-zenji[29], quien fue allí (a China) para estudiar la escuela Zen del sur. Las nuevas semillas que trajo a casa fueron sembradas satisfactoriamente en plantaciones, una de las cuales, el distrito Uji cerca de Kioto, aún mantiene la fama de producir el mejor té del mundo. El Zen del sur se extendió con asombrosa rapidez, y con este el ritual del té y la idealización del té de los Sung. En el siglo XV, bajo el patrocinio del shōgun Ashikaga Yoshimasa[30], la ceremonia del té quedó completamente constituida, y se convirtió en una actuación independiente y secular. Desde entonces, el teaísmo está plenamente establecido en Japón. El uso del té empapado de la China posterior es relativamente reciente entre nosotros, y solo se conoce desde mediados del siglo XVII. Este ha reemplazado al té en polvo en el consumo cotidiano, aunque este último sigue ocupando su lugar como el té de tés.

Es en la ceremonia del té japonesa donde vemos la culminación de los ideales del té. Nuestra exitosa

29 Eisai Zenji (1141-1215), maestro budista japonés al que tradicionalmente se le atribuye el establecimiento del budismo Zen en Japón como fundador de la escuela Rinzai y la traída del té verde de China a Japón, difundiendo la práctica de tomar té en polvo en el archipiélago nipón. A menudo se le conoce simplemente como «Eisai/ Yōsai Zenji», literalmente «Maestro Zen Eisai».

30 Octavo shōgun del shogunato Ashikaga que reinó desde 1449 hasta 1473 durante el período Muromachi de Japón.

resistencia a la invasión mongola en 1281 nos permitió continuar el movimiento Sung tan desastrosamente aislado en la propia China tras la incursión nómada. El té se convirtió para nosotros en algo más que una idealización de la forma de beber; es una religión del arte de la vida. La bebida se convirtió en una excusa para el culto a la pureza y el refinamiento, una función sagrada en la que el anfitrión y el invitado se unían en cada ocasión para producir la máxima bienaventuranza de lo mundano. Los salones de té eran oasis en el lúgubre desperdicio de la existencia donde los viajeros cansados podían reunirse para beber del manantial común de la apreciación del arte. La ceremonia fue un drama improvisado cuya trama giraba en torno al té, las flores y las pinturas. Ni un color que perturbe el tono de la habitación, ni un sonido que estropee el ritmo de las cosas, ni un gesto que interfiera en la armonía, ni una palabra que rompa la unidad del entorno, todos los movimientos se realizaban de forma simple y natural… tales eran los objetivos de la ceremonia del té. Y, curiosamente, muy a menudo tuvo éxito. Pues una filosofía sutil estaba detrás de todo. Teaísmo era taoísmo disfrazado.

Taoísmo y zennismo

La conexión entre el zennismo y el té es notoria. Ya hemos remarcado anteriormente que la ceremonia del té era una evolución del ritual zen. El nombre de Laotse, el fundador del taoísmo, es también inmediatamente asociado con la historia del té. En el manual escolar chino que narra los orígenes de los hábitos y costumbres está escrito que la ceremonia de ofrecer té a los invitados empezó con Kwanyin, discípulo de Laotse de gran fama, quien por primera vez en la puerta del Paso Han[31] presentó

31 El paso de Dunhuang Yangguan, construido en el oeste durante la dinastía Han con más de 2000 años de historia, es un importante portal a las regiones occidentales y un paso de montaña vital en la Ruta de la Seda del sur, así como un importante puente que une el noroeste de China con Eurasia.
Actualmente, el área cuenta con una Sala de Exhibición de Dos Pasos Fronterizos de la dinastía Han que demuestra la historia de la construcción y el efecto de los pasos traídos en el pasado: el Edificio de la Puerta-Torre de la dinastía Han.

al «Viejo Filósofo» una copa del dorado elixir. No vamos a entrar a discutir sobre la autenticidad de esta historia, que es valiosa, sin embargo, como confirmación del uso temprano de la bebida por los taoístas. Nuestro interés en el taoísmo y el zennismo yace principalmente en aquellas ideas que se refieren a la vida y al arte, que son englobadas en lo que conocemos como teaísmo.

Hay que lamentar que todavía no parece haber una presentación adecuada de las doctrinas taoístas y zen en ningún idioma extranjero, aunque hemos tenido varios intentos loables[32].

La traducción siempre es una traición, y como un autor Ming observa, en el mejor de los casos puede ser solo el reverso de un brocado: todos los hilos están ahí, pero no la sutileza del color o el diseño. Pero, a fin de cuentas, ¿qué clase de gran doctrina sería si fuese fácil de exponer? Los antiguos sabios nunca expusieron sus enseñanzas de forma literal. Hablaban con paradojas, porque tenían miedo de decir verdades a medias. Comenzaron hablando como tontos y terminaron haciendo sabios a sus oyentes. El propio Laotse, con su peculiar humor, dijo: «Si la gente de menor inteligencia oye hablar del Tao, se ríen inmensamente. El Tao no sería el Tao a menos que se rieran de él».

El Tao significa, literalmente, el Sendero. Sistemáticamente se ha traducido como el Camino, el Absoluto, la Ley, la Naturaleza, la Razón Suprema, el

32 Comentario del libro original publicado en 1906.

Modo. Estos matices no son incorrectos, puesto que el significado y la utilización del término por parte de los taoístas difieren en función del asunto del que se esté hablando. El mismo Laotse habló de ello así: «Hay una cosa que todo lo contiene, que nació antes de la existencia del Cielo y de la Tierra. ¡Qué silencioso! ¡Qué solitario! Está solo y no cambia. Gira sin peligro para sí mismo y es la madre del universo. No sé su nombre, y por eso lo llamo Sendero. Con desgana lo llamo Infinito. Y ese Infinito es lo Fugaz, lo Fugaz es el Desvanecimiento, el Desvanecimiento es el Revertir». El Tao está en el Pasaje más que en el Camino. Es el espíritu del Cambio Cósmico, el crecimiento eterno que vuelve sobre sí mismo para producir nuevas formas. Retrocede sobre sí como el dragón, el símbolo amado de los taoístas. Se pliega y se despliega al igual que las nubes. Podría hablarse del Tao como la Gran Transición. Subjetivamente, es el estado de ánimo del universo. Su Absoluto es el Relativo.

En primer lugar debe ser recordado que el taoísmo, al igual que su legítimo sucesor el zennismo, representa la tendencia individualista propia de la mentalidad del sur de China, en contraposición con el comunismo del norte de China que se expresó en el confucianismo. El Reino Medio es tan vasto como Europa y tiene una diferenciación de idiosincrasias marcada por los dos grandes sistemas fluviales que lo atraviesan. El Yangtse-Kiang y el Hoang-Ho son respectivamente como el Mediterráneo y el Báltico. Incluso hoy en día, a pesar de los siglos que llevan unificados, el Sur Celestial difiere en pensamientos y creencias de su hermano norteño, así como los miembros de la estirpe latina difieren de la teutona. En tiempos antiguos, cuando la comunicación era más complicada que ahora, y especialmente durante el período feudal, esta diferencia de pensamientos era mucho más marcada. El arte y la poesía de una respiraban una atmósfera completamente distinta de la de la otra. En Laotse y sus seguidores, y en Kutsugen, el precursor de los poetas

Azul; porta-cucharón de Celadón y otros objetos para la ceremonia del té, Kubo Shunman (siglo xix)

de la naturaleza Yangtse-Kiang, encontramos un idealismo bastante inconsistente con las prosaicas nociones éticas de sus escritores contemporáneos del norte. Laotse vivió cinco siglos antes de la era cristiana.

El germen de la especulación taoísta se puede encontrar mucho antes de la llegada de Laotse, apodado «el de las orejas largas». Los registros de China, especialmente el *Libro de los Cambios*, presagian su pensamiento. Pero el gran respeto por las leyes y costumbres de ese período clásico de la civilización china, que culminó con el establecimiento de la dinastía Chow en el siglo XVI a. C., mantuvo bajo control el desarrollo del individualismo durante mucho tiempo, de modo que no fue hasta después de la desintegración de la dinastía Chow y el establecimiento de innumerables reinos independientes que pudo florecer en la exuberancia del libre pensamiento. Laotse y Soshi (Chuangtse)[33] eran del sur y fueron los máximos exponentes de la Nueva Escuela. Por otro lado, Confucio, con sus numerosos discípulos, apuntó a retener las

33 Zhuangzi (Chuang Tzu o Chuang Tse, literalmente «Maestro Zhuang») fue un filósofo de la antigua China que vivió alrededor del siglo IV a. C. durante el período de los Reinos Combatientes, y que corresponde a la cumbre del pensamiento filosófico chino de las Cien escuelas del pensamiento. Nacido en el reino Song, vivió aproximadamente entre los años 369 y 290 a. C., y se le considera el segundo taoísta más importante, por detrás tan solo de Laotse, y heredero del pensamiento de este último. Su pensamiento es considerado, por especialistas en filosofía antigua, análogo a la escuela cínica de la antigua Grecia.

convenciones ancestrales. El taoísmo no puede entenderse sin algún conocimiento del confucianismo, y viceversa.

Hemos mencionado anteriormente que en el taoísmo, el Absoluto es el Relativo. Éticamente, el taoísmo criticaba las leyes y los códigos morales de la sociedad, porque para ellos el bien y el mal no eran más que términos relativos. La definición, la concreción, es siempre una limitación: lo «fijo» y lo «inmutable» no son más que términos que expresan una interrupción del crecimiento. Kuzugen[34] dijo: «Los Sabios mueven el mundo». Nuestros estándares de moralidad están anclados en las necesidades pasadas de la sociedad, ¿pero acaso la sociedad necesita siempre lo mismo? La observación de las tradiciones comunitarias implica un sacrificio constante del individuo frente al estado. La educación, para mantener esa poderosa ilusión, fomenta una especie de ignorancia. No se enseña a la población a ser especialmente virtuoso, sino a comportarse como es debido. Somos malvados porque somos terriblemente cohibidos. Cuidamos la conciencia porque tenemos miedo de decir la verdad a los demás; nos refugiamos en el orgullo porque tenemos miedo de decirnos la verdad a nosotros mismos. ¡Cómo puede uno ser serio con el mundo cuando

34 Qu Yuan, conocido como Kuzugen, fue un poeta chino del sur del Estado de Chu durante el período de los Reinos Combatientes. Su obra se encuentra principalmente recopilada en una antología poética denominada «Elegías de Chu». Fue el primer poeta chino importante en la historia de la literatura del país.

el mundo en sí mismo es tan ridículo! El espíritu del negocio está en todas partes. ¡Honor y castidad! He aquí el vendedor complaciente que vende lo bueno y lo verdadero. Incluso se puede comprar una supuesta religión, que en realidad no es más que una moral común, santificada con flores y música. Si le robamos a la Iglesia todos sus accesorios, ¿qué queda detrás de ellos? Sin embargo, los confiados prosperan maravillosamente, porque los precios son absurdamente baratos: una oración por una entrada al cielo, un diploma para una ciudadanía honorable. Escondeos tras un tonel, porque si el mundo conociera vuestra verdadera utilidad, pronto el subastador público os vendería al mejor postor. ¿Por qué a los hombres y a las mujeres les gusta tanto hacerse notar? ¿Acaso no es sino un instinto derivado de los días de la esclavitud?

La virilidad de la idea radica no menos en su poder de romper el pensamiento contemporáneo que en su capacidad para dominar movimientos posteriores. El taoísmo era un poder activo durante la dinastía Shin, que gobernó en aquella era de la unificación de China, de la cual surge por primera vez el nombre de China. Sería interesante si tuviéramos tiempo para notar su influencia en los pensadores contemporáneos, los matemáticos, escritores de leyes y técnicas militares, los místicos y alquimistas y los últimos poetas naturalistas de la zona del Yangtse-Kiang. Ni siquiera debemos ignorar a los especuladores de la realidad que dudaban de si un caballo blanco era real por su propio color blanco o porque era sólido; ni a los predicadores de las seis dinastías que, como los filósofos zen, se deleitaban en discusiones sobre lo puro y lo abstracto.

Pero sobre todo debemos rendir homenaje al taoísmo por lo que ha logrado sobre la formación de carácter celestial, dándole una cierta capacidad de cautela y refinamiento tan «cálido como el jade». La historia china está llena de casos en que los devotos del taoísmo, príncipes y ermitaños por igual, siguieron, con variados e interesantes resultados, las enseñanzas de su credo. Cada una de esas historias no estará exenta de su grado de instrucción y diversión. Será rica en anécdotas, alegorías y aforismos. Con mucha facilidad estaríamos en condiciones de hablar con el encantador emperador, que nunca murió porque nunca llegó a existir. Podríamos montar el viento con Liehtse[35] y encontrarlo absolutamente silencioso porque

---

35 Liehtse: Filósofo chino de la escuela taoísta que floreció hacia el siglo IV antes de la era cristiana.
En el cuento del escritor chino la temática de los sueños deja al lector la sensación de incertidumbre o desconcierto debido a que cuenta la historia de un leñador que mató a un ciervo y lo escondió con ramas de arbustos. Pero poco después se le olvidó dónde lo había escondido y creyó que todo había sido un sueño. Como le contó lo sucedido a varias personas otro hombre fue en busca del ciervo y lo encontró.
Cuando el hombre que halló al ciervo llegó a su casa con él y le contó a su esposa lo sucedido y la esposa le respondió que él había sido quien había soñado que un leñador había matado a un ciervo.
Mientras tanto el leñador que había matado al ciervo llegó muy perturbado a su casa y esa noche soñó que otro hombre había encontrado el ciervo, así que a la mañana siguiente fue a la casa de él para disputárselo. Discutieron durante mucho tiempo, pero como no llegaron a un acuerdo decidieron acudir a un juez. El juez decidió que lo mejor para los dos era repartirlo. Por último, el rey Cheng se enteró de todo lo que había sucedido y se preguntó si el juez no estará soñando que reparte un ciervo a dos hombres.

nosotros mismos somos el viento, o morar en el aire con el Anciano de los Hoang-Ho, que vivía entre el Cielo y la Tierra[36] porque no estaba sujeto ni a esta ni a aquel. Incluso en esa grotesca apología del taoísmo que encontramos en China en la actualidad, podemos deleitarnos con una riqueza de imágenes imposibles de encontrar en ningún otro culto.

Pero la contribución principal del taoísmo a la vida asiática ha estado en el ámbito de la estética. Los historiadores chinos siempre han hablado del taoísmo como el «arte de estar en el mundo», porque trata del presente: de nosotros mismos. Es en nosotros mismos donde Dios se encuentra con la Naturaleza, y el ayer se separa del mañana. El Presente es el Infinito en movimiento, la legítima esfera del Relativo. La Relatividad busca el ajuste; el Ajuste es el Arte. El arte de la vida radica en un constante reajuste a nuestro entorno. El taoísmo acepta lo mundano tal y como es, y, a diferencia del confucianismo o el budismo, trata de encontrar la belleza en nuestro mundo de aflicción y preocupación. La alegoría Sung de

36 «La montaña está de camino entre el cielo y la tierra, y es por esta razón que se supone que es la morada de los inmortales, y de los ascetas que gustan de buscar en Tao en su seno. Su inmensidad, su sublime presencia, es un motivo de consideración añadido».

los Tres Catadores de Vinagre[37] explica admirablemente la tendencia de las tres doctrinas. Sakyamuni, Confucio y Laotse se pararon una vez ante un frasco de vinagre, el emblema de la vida, y cada uno sumergió su dedo para probar el brebaje. Confucio lo encontró ácido, Buda dijo que era amargo, y Laotse manifestó que era dulce.

Los taoístas claman que la comedia de la vida podría hacerse mucho más interesante si todo el mundo preservara la solidaridad. Mantener la proporción de las cosas y dar lugar a otras sin perder la propia posición era el secreto del éxito en el drama mundano. Todos debemos conocer la obra completa para poder desarrollar nuestro papel en ella; el concepto de totalidad nunca se debe perder en favor del de individualidad. Esto es lo que ilustra Laotse con su metáfora favorita sobre el Vacío.

37 Los catadores de vinagre es una imagen alegórica que representa al confucianismo, budismo y taoísmo, favorable con este último y crítico con los otros dos.
En la imagen puede verse a tres hombres mojando el dedo en una vasija con vinagre y probándolo. Uno de los hombres reacciona con una expresión muy agria, otro con una amarga y otro con una expresión dulce. Los tres hombres son representaciones de Confucio, Buda Gautama y Lao-Tse y representan las tres mayores tradiciones filosóficas chinas y la actitud predominante respecto a la vida de cada una de ellas.
El confucianismo ve la vida como algo agrio que necesita reglas para corregir la degeneración de las actitudes humanas. La visión budista concibe la vida como una experiencia amarga, repleta de miedo y sufrimientos, y que requiere de la iluminación para trascenderlos. El taoísmo, sin embargo, no entra a valorar la vida, simplemente percibe las cosas como lo que son en su estado natural y las acepta como tales.

Enseñaba que solamente en el vacío yace lo verdaderamente esencial. La realidad de una habitación, por ejemplo, se encontraba en el espacio vacío encerrado por el techo y las paredes, no en el techo y las paredes por sí mismos. La utilidad de una jarra de agua residía en el vacío donde se podía poner el agua, no en la forma de la jarra o del material del que estaba hecha. El Vacío es todopoderoso porque todo lo contiene. Solo en el Vacío se hace posible el movimiento. Aquel que pudiera hacer de sí mismo un vacío en el que otros pudieran entrar libremente, se convertiría en el dueño de todas las situaciones. El todo siempre puede dominar a la parte.

Las teorías taoístas han influenciado profundamente todos nuestros modos de acción, incluso aquellos de esgrima y lucha. El Jiu-jitsu, el arte japonés de la defensa personal, debe su nombre a un fragmento del Tao-teking[38]. En el Jiu-jitsu uno busca sacar y agotar la fuerza del enemigo mediante la no resistencia, el vacío,

38 El *Dào Dé Jīng* (también llamado *Tao Te King*), cuya autoría se atribuye a Laotse, es un texto clásico chino.
Su nombre procede de las palabras con las que empiezan cada una de sus dos partes: *dào* («el camino»), y *dé* («virtud» o «poder»), con el añadido *jīng* («libro clásico»).
Este texto es uno de los fundamentos del taoísmo filosófico y tuvo una fuerte influencia sobre otras escuelas, como el legalismo y el neo-confucianismo. Tiene un papel importante en la religión china, relacionado no solo con el taoísmo religioso, sino también con el budismo. Su influencia se ha esparcido también más allá del Lejano Oriente, ayudada por las muchas traducciones diferentes del texto a lenguas occidentales.

mientras se observa la propia fuerza para la victoria en el forcejeo final. En el arte, la importancia del mismo principio queda ilustrada por el valor de la sugerencia. Al dejar algo sin decir, el espectador tiene la oportunidad de completar la idea y, por lo tanto, una gran obra maestra cautiva irresistiblemente su atención hasta que parece que realmente forma parte de ella. El vacío está ahí para que entre y llene la medida completa de su emoción estética.

Aquel que se ha hecho a sí mismo maestro del arte de la vida es un verdadero hombre del taoísmo. Al nacer entra en el reino de los sueños solo para despertar a la realidad en el momento de morir. Atempera su propio brillo para fundirse en la oscuridad de los demás. Es alguien «reacio, como quien cruza un arroyo en invierno; vacilante como quien teme al vecindario; respetuoso, como un invitado; tembloroso, como el hielo que está a punto de derretirse; sin pretensiones, como un trozo de madera aún no tallado; vacío, como un valle; sin forma concreta, como aguas revueltas». Para ese hombre, las tres joyas de la vida son la piedad, la economía y la modestia.

Si ahora volvemos nuestra mirada hacia el zennismo, encontraremos que este enfatiza las enseñanzas del taoísmo. «Zen» es un nombre derivado de la palabra en sánscrito «Dhyana», que significa «meditación». Afirma que mediante la meditación consagrada se puede alcanzar la autorrealización suprema. La meditación es una de las seis formas por las que se puede alcanzar la

Budeidad[39], y los sectarios zen afirman que Sakyamuni puso especial énfasis en este método en sus últimas enseñanzas, transmitiendo las reglas a su principal discípulo, Kashiapa. Según su tradición, Kashiapa, el primer patriarca zen, enseñó su secreto a Ananda, quien a su vez lo pasó a los sucesivos patriarcas hasta que llegó a Bodhi-Dharma, el vigésimo octavo. Bodhi-Dharma llegó al norte de China a principios del siglo VI y fue el primer patriarca zen chino. Hay mucha incertidumbre sobre estos patriarcas y sus doctrinas. En un aspecto más filosófico, en sus comienzos el zennismo parecía tener cierta semejanza por un lado al negativismo indio

39 En la tradición del budismo, los cuatro estados nobles son: aprendizaje, comprensión, bodhisattva y budeidad. Estos se desarrollan a través de la búsqueda, descubriendo y aspirando a ellos, por la creencia de que los humanos necesitan hacer un esfuerzo para llegar a ellos a partir de sus vidas.

El estado de budeidad es el más alto de ellos, la condición de pura e indestructible felicidad que no depende de las circunstancias personales. Quien lo experimenta está totalmente libre de toda desilusión, sufrimiento y miedo. Es la condición de la libertad perfecta y absoluta, caracterizada por sensatez (sabiduría, prudencia) ilimitada, coraje, compasión y fuerza vital.

Este estado es realmente complicado de describir y se obtiene únicamente a través de la percepción directa e interna de la realización, se caracteriza porque no permite caer en estados inferiores debido a causas externas y porque no confía en lo externo para conseguir la felicidad.

de Nagarjuna[40], y por otro a la filosofía Gnan formulada por Sancharacharya[41]. Las primeras enseñanzas del zen tal y como lo conocemos hoy en día se atribuyen al sexto patriarca, Yeno (637–713), fundador del zen del

40 Nāgārjuna (Reino de Andhra, 150-250) fue un filósofo indio y monje budista, a quien se atribuye, junto con su alumno Aryadeva, la fundación de la escuela madhyamaka (camino medio) que influyó fuertemente en el desarrollo del budismo mahayana. La tradición budista también le atribuye la autoría o descubrimiento del *Prajñāpāramitā-sūtra* (Los Sutras de la Perfección de la Sabiduría o *Sutras Prajñāpāramitā* son un género de escrituras del budismo Mahāyāna que tratan del tema de la Perfección de la Sabiduría), así como otros grandes tratados sobre la doctrina budista donde se acentúa el criterio filosófico de la vacuidad esencial de lo existente.

41 Adi Shánkara (788-820) fue uno de los más importantes pensadores de la India. Fue el primero que consolidó la doctrina *advaita vedanta* (la doctrina *advaita*, literalmente «no dualidad», es una rama no dualista del hinduismo que afirma la unidad entre las almas *atman* y la divinidad *Brahman*).

Analiza los tres estados de la conciencia —el estado de vigilia, sueño y sueño profundo— y demuestra que el mundo tiene un carácter relativo. Establece entonces la verdad suprema de *advaita*: la no dualidad de la realidad. *Brahman* (la divinidad impersonal) y el *atman* (cada una de las almas individuales) son solo uno: todas las almas son Dios. El *Brahman* (Dios) es la única realidad del mundo. Aparte del *Brahman*, todo es falso: el universo, los objetos materiales y las personas. Bajo la influencia de la ilusión (*maia*), cada alma cree que es un cuerpo, que está separada de Dios y es diferente de él. Cuando el alma individual elimina el velo de *maia*, se da cuenta de la verdad: no hay diferencia entre ella y Dios.

Las teorías de Shankara fueron controvertidas desde el principio. La filosofía *advaita* es la más profunda de la India, pero no es muy difundida, aunque es probablemente la más conocida de las doctrinas vedanta.

sur, conocido por su mayoritario predominio en el sur de China. Es seguido muy de cerca por el gran Baso (que murió en el año 788), quien hizo del zen una influencia en el modo de vida celestial. Hiakujo (719–814), el pupilo de Baso, instituyó el primer monasterio zen y estableció los rituales y normas para su gobierno. En contraposición a las escuelas de zen de la época de Baso, encontramos la obra de la mente de Yangtse-Kiang, que causó una ruptura de los modos de pensamiento nativos en contraste con el típico idealismo indio. Independientemente de lo que el orgullo sectario pueda afirmar en sentido contrario, uno no puede evitar sentirse impresionado por la similitud del zen del sur con las enseñanzas de Laotse y los predicadores taoístas. En el Tao-teking también hallamos alusiones de la importancia de la autoconcentración y la necesidad de autorregular la respiración, puntos esenciales en la práctica de la meditación zen. Algunos de los mejores comentarios sobre el libro de Laotse han sido escritos por discípulos del zen.

El zennismo, como el taoísmo, es el culto a la Relatividad. Uno de los grandes maestros definió el zen como el arte de sentir la estrella polar en el sur de la bóveda celeste. La verdad puede ser alcanzada solamente a través de la comprensión de los opuestos. De nuevo el zennismo, como el taoísmo, es una fuerte llamada al individualismo. Nada es real excepto aquello que concierne al trabajo de nuestra propia mente. Yeno, el sexto patriarca, una vez vio a dos monjes observando el movimiento de la bandera de una pagoda ondeando por el viento. Uno de ellos dijo «es el viento lo que la hace moverse», mientras que el otro afirmó «es la propia bandera la que realiza el movimiento»; pero Yeno les explicó que el verdadero movimiento no era ni el del viento ni el de la bandera, sino algo que fluía entre sus mentes. Hiakujo estaba caminando por el bosque con un discípulo cuando una liebre salió corriendo cuando se acercaron. «¿Por qué la liebre huye de ti?», preguntó Hiakujo. «Porque me tiene miedo», fue la respuesta. «No», dijo el maestro, «es porque tienes instintos asesinos». El diálogo recuerda en cierto modo al de Soshi (Chaungtse), el taoísta. Un día Soshi estaba caminando por la orilla de un río con un amigo. «¡Con qué gracia están disfrutando los peces en el agua!», exclamó Soshi. Su amigo le replicó «si no eres un pez, ¿cómo sabes que los peces están disfrutando?». «Tú no eres yo mismo», replicó Soshi, «¿cómo sabes que no sé que los peces están disfrutando?».

El zennismo a menudo era opuesto en los preceptos del budismo ortodoxo, del mismo modo que el taoísmo era opuesto al confucianismo. Para la perspicacia trascendental del zen, las palabras no eran más que un estorbo para el pensamiento; todo el dominio de las escrituras budistas son meros comentarios sobre especulaciones personales. Los seguidores del zen procuraban alcanzar la comunión directa con la naturaleza interna de las cosas, considerando sus accesorios externos solo como impedimentos para una percepción clara de la Verdad. Fue este amor por lo abstracto lo que llevó al zen a preferir los bocetos en blanco y negro frente a las pinturas de colores elaborados por la escuela budista clásica. Algunas vertientes del zen incluso se hicieron iconoclastas como resultado de su empeño en reconocer a Buda en ellos mismos en vez de a través de imágenes y símbolos. Tanto es así, que encontramos a Tankawosho rompiendo una estatua de madera de Buda para hacer fuego en un día invernal. «¡Qué sacrilegio!», dijo un espectador horrorizado. «Deseo extraer las Shali[42] de las cenizas de este Buda», replicó tranquilamente el monje zen. «¡Pero ciertamente no obtendrás las Shali de esta imagen!», fue la réplica airada, a lo que Tanka respondió: «Si no lo hago, entonces de seguro que esta imagen de madera no es un Buda y yo no estoy cometiendo ningún sacrilegio». Y tras ello se volvió para calentarse sobre el fuego.

Para terminar, el zen aportó al pensamiento oriental la noción igualitaria establecida entre los asuntos temporales y espirituales. En las relaciones superiores de las cosas no existe diferencia entre lo sencillo y lo complejo, lo grande o lo pequeño: un átomo posee las mismas posibilidades que el universo. Quien busca la perfección debe hallar en su propia vida el reflejo de la luz interior. Al respecto no existe nada tan significativo como la monástica zen. Cada miembro, excepto el abad, tenía una tarea asignada en la

42 *Śarīra* o *Shali* es un término genérico que se refiere a las reliquias budistas, aunque en su uso común se refiere a perlas o a objetos cristalinos con forma esférica que se dice son encontrados entre las cenizas de maestros espirituales budistas después de que son cremados. Las reliquias budistas que aparecen luego de la cremación son llamadas *dhātu* en el sutra Mahāparinirvāṇa. Se considera que las *Śarīra* emanan bendiciones en las mentes de las personas que tienen una conexión con estas. También se considera en la tradición del budismo tibetano que estas reliquias espantan a los espíritus malignos.

conservación del monasterio y, cosa extraña, las funciones ligeras correspondían a los novicios, reservándose las más duras y humildes a los monjes más respetables y avanzados en el camino de la perfección. Estas obligaciones formaban parte de la disciplina zen que predicaba realizar cualquier labor por insignificante que fuera con absoluta perfección. Así se produjeron muchas discusiones importantes mientras se arrancaban las malas hierbas del jardín, se cortaba un nabo o se servía el té. Todo el ideal del teaísmo es el resultado de esta concepción zen de la grandeza en los incidentes más pequeños de la vida. El taoísmo proporcionó la base de los ideales estéticos; el zennismo los hizo prácticos.

Los salones de té

Para los arquitectos europeos educados en las tradiciones de la construcción de piedra y ladrillo, nuestro método japonés de construcción con

Anfitrión honra a sus invitados con la ceremonia del té, Toshikata_Mizuno (1896)

madera y bambú no parece digno de ser clasificado como arquitectura. Hace muy poco que un estudiante competente de arquitectura occidental ha reconocido y rendido homenaje a la notable perfección de nuestros grandes templos. Siendo así en lo que respecta a nuestra arquitectura clásica, difícilmente podríamos esperar que el forastero apreciara la sutil belleza del salón de té, ya que sus principios de construcción y decoración son completamente diferentes a los de Occidente.

El salón del té (el Sukiya[43]) no pretende ser otra cosa sino una mera cabaña, una choza de paja, como la llamamos. Los ideogramas originales de Sukiya significan «la Morada de la Fantasía». Posteriormente, los diversos maestros del té sustituyeron varios caracteres chinos de acuerdo con su concepción del salón del té, y el término Sukiya pasó a significar «la Morada de la Vacuidad» o «la Morada de lo Asimétrico». Es una Morada de Fantasía en la medida en que es una estructura efímera construida para albergar un impulso poético. Es una Morada de la Vacuidad en la medida en que carece de ornamentación salvo lo que pueda colocarse en ella para satisfacer alguna necesidad estética del momento. Es una Morada de lo Asimétrico en la medida en que está consagrada al culto del Imperfecto,

43 Sukiya-zukuri es un estilo de arquitectura residencial japonesa. *Suki* significa refinado, gusto bien cultivado y el placer en actividades elegantes y se refiere al disfrute de la ceremonia del té exquisitamente realizado.

dejando intencionalmente algo sin terminar para que el juego de la imaginación lo complete. Los ideales del teaísmo han influenciado desde el siglo XVI nuestra arquitectura hasta el punto de que los interiores japoneses comunes en el día de hoy, a causa de la extrema sencillez y castidad de su esquema de decoración, es para los extranjeros prácticamente carente de ornamentación.

El primer salón de té independiente fue la creación de Senno-Soyeki, comúnmente conocido por su nombre posterior de Rikiu[44], el más grande de todos los maestros del té, quien, en el siglo XVI, bajo el patrocinio

44 Sen no Rikyū (también conocido como Sen Rikyū) es considerado como la figura histórica de mayor influencia en la ceremonia del té japonesa, particularmente en la tradición *wabi-cha*.
Rikyū es considerado como el fundador del san-Senke o las tres principales escuelas de la ceremonia del té: *Urasenke*, *Omotesenke* y *Mushanokōjisenke*.
También estuvo muy interesado en los *suiseki** o piedras paisaje, consolidando precisamente la costumbre de exponer un *suiseki* en el *tokonoma*** durante la ceremonia del té, colocando una piedra sencilla sobre una bandeja negra de borde alto, en el centro de dicho *tokonoma*, justo debajo del *kakemono* (cartel alargado, de papel o seda, en posición vertical).
**Suiseki*: palabra japonesa que se refiere a una pequeña piedra que con su forma y colores recuerda a un paisaje o un objeto de la naturaleza (animal, persona, etc.).
***Tokonoma*: cubículo o pequeño espacio elevado sobre un *washitsu*, una habitación de estilo japonés con suelo de tatami, en donde se cuelgan rollos desplegables decorativos con pinturas.

de Taiko-Hideyoshi[45], instituyó y trajo a un alto estado de perfección las formalidades de la ceremonia del té. Las proporciones del salón del té habían sido previamente determinadas por Jowo, un famoso maestro del té del siglo XV. El primer salón de té consistía simplemente en una parte del salón ordinario dividida por biombos para la reunión del té. La parte dividida se llamaba Kakoi (recinto), un nombre que todavía se aplica a los salones de té que están integrados en una casa y no son construcciones independientes. El Sukiya consiste en un salón del té propio, diseñado para acomodar a no más de cinco personas, un número sugerido por el dicho «más que las Gracias y menos que las Musas», una antesala (*midsuya*) donde se lavan y arreglan los utensilios del té antes de ser llevados, un pórtico (*machiai*) en el que los invitados esperan hasta recibir la convocatoria para entrar en el salón de té y un sendero del jardín (el *roji*) que conecta el *machiai* con el salón de té. El salón de té no tiene un aspecto impresionante. Es más pequeña que la más pequeña de las casas japonesas, mientras que los materiales utilizados en su construcción están destinados a dar una

45 Toyotomi Hideyoshi fue un daimio del período Sengoku que unificó Japón. Es conocido por sus invasiones de Corea y por haber dejado un abundante legado cultural, incluyendo la restricción de que solo miembros de la clase samurái pudiesen portar armas. De origen humilde, Hideyoshi se convirtió en uno de los hombres más importantes de la época, y sus reformas políticas pacificaron efectivamente el país y sentaron las bases del shogunato Tokugawa.

sugerencia de pobreza refinada. En este punto debemos recordar que todo esto es el resultado de una profunda premeditación artística, y que los detalles han sido diseñados con tal cuidado que quizá superen aquellos empleados en edificios como los palacios y los templos más ricos. Un buen salón de té es más costoso que una mansión ordinaria, por la selección de los materiales, así como su calidad, que requiere de inmenso cuidado y precisión. De hecho, los carpinteros empleados por los maestros del té forman una clase distinta y muy honrada entre los artesanos, y su trabajo no es menos delicado que el de los fabricantes de vitrinas lacadas.

El salón del té no solamente es diferente de cualquier construcción de la arquitectura occidental, sino que también contrasta con la arquitectura clásica japonesa. Nuestros antiguos edificios nobles, seculares o eclesiásticos, no deben ser despreciados ni siquiera en lo que respecta a su tamaño. Los pocos que se han librado de las desastrosas conflagraciones de los siglos todavía son capaces de asombrarnos por la grandeza y riqueza de su decoración. Enormes pilares de madera de dos a tres pies de diámetro y de treinta a cuarenta pies de alto, sostenidos por una complicada red de ménsulas, las enormes vigas que crujían bajo el peso de los techos cubiertos de tejas. El material y el modo de construcción, aunque débiles contra el fuego, han probado ser fuertes frente a terremotos, y se adaptan bien a las condiciones climáticas del país. En el Salón Dorado de Horiuji[46] y la Pagoda de Yakushiji[47], tenemos ejemplos notables de la durabilidad de nuestra arquitectura de madera. Estos edificios se han mantenido prácticamente intactos alrededor de doce siglos. El interior de los antiguos palacios y templos era decorado profusamente. En el templo Hoodo de Uji[48], que data del siglo X, todavía podemos ver el elaborado dosel y los baldaquinos dorados, multicolores, con nácar y con espejos incrustados, así como restos de las pinturas y esculturas que antiguamente

46 Hōryū-ji (Templo de la Ley Floreciente) es un templo budista localizado en Ikaruga, prefectura de Nara, Japón. Su nombre completo es Hōryū Gakumonji (que quiere decir Templo de la Enseñanza de la Ley Floreciente), debido a que este sitio sirve como un monasterio. El templo es muy conocido por poseer las edificaciones de madera más antiguas en el mundo.

47 Yakushi-ji es uno de los más famosos y antiguos templos budistas imperiales en Japón, ubicado en Nara. El templo es la sede de la escuela Hossō de budismo japonés.

El principal objeto de veneración, Yakushi Nyorai, también llamado «El Buda de la Medicina», fue una de las primeras deidades budistas en llegar a Japón desde China en el año 680, y le da al templo su nombre.

48 Byōdō-in es un templo budista ubicado en la ciudad de Uji, prefectura de Kioto, Japón. Es conjuntamente un templo de las sectas Jōdo shū y Tendaishū.

El templo fue construido originalmente en 998 como un chalet rural de Fujiwara no Michinaga, unos de los miembros más poderosos del clan Fujiwara. En 1052 fue reconvertido como templo budista por Fujiwara no Yorimichi. La estructura más importante del templo es el Salón del Fénix, construido en 1053 y es la única estructura original que queda en pie, ya que el resto de las estructuras fueron destruidas tras un incendio provocado por la guerra civil en 1336.

cubrían los muros. Más tarde, en Nikko[49] y en el castillo de Nijo en Kioto[50], vemos la belleza estructural sacrificada en favor de una riqueza de ornamentación en color y de exquisito detalle, que iguala la máxima hermosura del esfuerzo árabe o morisco.

La simplicidad y el purismo de los salones de té fueron el resultado de emular los monasterios del zennismo. El monasterio zen difiere de los de las sectas budistas en cuanto a que está concebido como una morada para los monjes. Su capilla no es un lugar de adoración o peregrinaje, sino un aula donde los alumnos se congregan para discutir y practicar la meditación. La sala es diáfana excepto por una hornacina en el centro, en la que, tras un altar, se sitúa la estatua de Bodhi-Dharma, el fundador de la secta, o la de Sakyamuni acompañado por Kashiapa y Ananda, los dos primeros patriarcas zen. En el altar se ofrecen flores e incienso en memoria de las grandes

49 Nikkō (literalmente «luz del sol») es una ciudad de Japón que se encuentra en las montañas de la prefectura de Tochigi, en la región de Kantō. La serie de santuarios y recintos sagrados que hay en Nikkō, así como los balnearios de los alrededores, hacen de la localidad un centro religioso y turístico muy visitado.

50 El castillo de Nijō es un castillo japonés localizado en Kioto, Japón. La superficie total del castillo es de 275000 metros cuadrados, de los cuales 8000 metros cuadrados están ocupados por diversos edificios. En 1601 Tokugawa Ieyasu, el fundador del shogunato Tokugawa, ordenó a todos los señores feudales que contribuyeran a construir el castillo de Nijō, que se terminó durante el reinado de Tokugawa Iemitsu en 1626. Fue construido como la residencia en Kioto de los shōgunes Tokugawa. Durante el shogunato Tokugawa, la capital del país era Edo, pero en Kioto residía la Corte Imperial.

Extranjeros disfrutando de una fiesta en la Casa de Té Gankirō, Utagawa Yoshikazu (1861)

contribuciones que estos eruditos hicieron al zennismo. Ya hemos mencionado anteriormente que era un ritual instituido por los monjes zen el beber té sucesivamente de un cuenco ante la imagen de Bodhi-Dharma, quien dictó las bases de la ceremonia del té. Podríamos agregar aquí que el altar de la capilla zen fue el prototipo del

tokonoma, el lugar de honor en una sala japonesa donde se colocan pinturas y flores para honrar a los invitados.

Todos nuestros maestros del té eran estudiantes del zen y procuraron introducir el espíritu del zennismo en los hechos cotidianos de la vida. Por lo tanto, la sala, igual que el resto de las herramientas utilizadas en la ceremonia del té, refleja muchas de las doctrinas zen. El tamaño del salón del té ortodoxo, que mide cuatro tatamis y medio, o diez pies cuadrados, está determinado por un pasaje en el Sutra de Vikramadytia[51]. En esa interesante obra, Vikramadytia da la bienvenida al santo Manjushiri[52] y a ochenta y cuatro mil discípulos de Buda en una habitación de este tamaño, una alegoría basada en la teoría de la no existencia del espacio para los verdaderamente iluminados. De nuevo, el *roji*, el sendero del jardín que conduce desde la *machiai* al salón de té, significó la

51 Vikramaditya fue un emperador legendario de la antigua India. A menudo caracterizado como un rey ideal, es conocido por su generosidad, coraje y patrocinio de los eruditos. Vikramaditya aparece en cientos de leyendas tradicionales indias, incluidas las de *Baital Pachisi** y *Singhasan Battisi***. Muchos lo describen como un gobernante universal, con su capital en Ujjain.
**Vetala Panchavimshati* o *Baital Pachisi* («Veinticinco (cuentos) de Baital»), es una colección de cuentos y leyendas dentro de un marco histórico de la India. También se conoce como internacionalmente *Vikram-Betaal* . Originalmente fue escrito en sánscrito.
***Singhasan Battisi* es una colección de cuentos populares indios. El título significa literalmente «treinta y dos (cuentos) del trono». En el marco de la historia, el rey Bhoja del siglo XI descubre el trono del legendario rey antiguo Vikramaditya. El trono tiene 32 estatuas, que en realidad son apsaras que se convirtieron en piedra debido a una maldición. Cada una de las apsaras le cuenta a Bhoja una historia sobre la vida y las aventuras de Vikramaditya, con el fin de convencerlo de que no se merece el trono de Vikramaditya.
52 Mañjuśrī es un Bodhisattva, figura del budismo mahāyāna que ha alcanzado el estado de iluminación pero pospone su ingreso en el nirvana, para ayudar a los demás a progresar en esa vía.
Manjushri fue un discípulo real del Buda Gautama. Como en casi toda la literatura sobre la vida del Buda viviente, la figura de Manjusri mezcla aspectos reales con otros legendarios. En la religiosidad popular mahāyāna, los bodhisattvas son objeto de gran devoción.

primera etapa de la meditación, el paso a la auto-iluminación. El *roji* estaba destinado a romper la conexión con el mundo exterior y producir una sensación fresca que condujera al pleno disfrute del esteticismo en el salón de té. Quien ha pisado este sendero del jardín no puede dejar de recordar cómo su espíritu, mientras caminaba en el crepúsculo de los árboles de hoja perenne sobre las regulares irregularidades de los escalones de piedra, debajo de los cuales yacían agujas de pino secas, y pasaba junto a los faroles de granito cubiertos de musgo, se elevó por encima de los pensamientos ordinarios. Uno puede estar en medio de una ciudad y, sin embargo, sentirse como si estuviera en el bosque, lejos del polvo y el estruendo de la civilización. Grande fue el ingenio demostrado por los maestros del té para producir estos efectos de serenidad y pureza. La naturaleza de las sensaciones que se despiertan al pasar por el *roji* difiere entre los diferentes maestros del té. Algunos, como Rikiu, apuntaron a la soledad absoluta y afirmaron que el secreto de hacer un *roji* estaba contenido en la antigua canción:

«Miro al más allá;
No hay flores
Ni hojas de colores.
En el borde del mar
Hay solitaria, una casa de aldeano,
En la luz menguante
De una tarde de otoño».

Otros, como Kobori-Enshiu[53], buscaban efectos diferentes. Este dijo que la idea del sendero del jardín se encontraba en los siguientes versos:

«Un bosquecillo de árboles, en verano,
Un pedazo de mar,
Una pálida luna vespertina».

No es difícil entender su significado. Quería crear la actitud de un alma recién despierta que aún persiste en medio de los sueños sombríos del pasado, pero que se baña en la dulce inconsciencia de una suave luz espiritual y anhela la libertad que se encuentra en la expansión del más allá.

Así preparado, el invitado se acercará silenciosamente al santuario y, si es un samurái, dejará su espada

53 Kobori Enshū fue un notable artista y aristócrata japonés durante el reinado de Tokugawa Ieyasu.
Destacó en las artes de la pintura, la poesía, los arreglos florales de Ikebana y el diseño de jardines japoneses. Sus logros incluyen diseños de jardines para el Palacio Imperial de Sentō y la Villa Imperial de Katsura (Kioto), Kōdai-ji, el Castillo de Sunpu, la torre del Castillo de Nagoya, el Castillo de Bitchū Matsuyama y los muros centrales del Castillo de Fushimi, Nijō-jō (Kioto) y Castillo de Osaka.
Sin embargo, era mejor conocido como maestro de la ceremonia del té. Su estilo pronto se conoció como «Enshū-ryū». A la luz de su capacidad, se le encargó la enseñanza de la tercera Tokugawa shōgun, los caminos de la ceremonia del té. En este puesto, diseñó muchas casas de té, incluido el Bōsen-seki en el subtemplo de Kohō-an en el Daitoku-ji, y el Mittan-seki en el Ryūkō-in del mismo templo, así como el Hassō-an.

en el potro debajo del alero, puesto que el salón de té es predominantemente la casa de la paz. Luego se agachará y entrará sigilosamente en la habitación a través de una pequeña puerta de no más de un metro de altura. Este procedimiento era igual para todos los invitados, tanto altos como bajos, y estaba destinado a inculcar humildad. Habiendo sido acordado mutuamente el orden de precedencia mientras descansan en la *machiai*, los invitados entrarán uno a uno sin hacer ruido y tomarán sus asientos, primero haciendo una reverencia al cuadro o arreglo floral en el *tokonoma*. El anfitrión no entrará en la habitación hasta que todos los invitados se hayan sentado y reine la tranquilidad, sin nada que rompa el silencio salvo el silbido del agua hirviendo en la tetera de hierro. El sonido de la tetera es único, pues se colocan piezas de hierro en el fondo de la misma, de tal manera que se produce una melodía peculiar en la que se pueden escuchar los ecos de una catarata amortiguada por las nubes, de un mar lejano rompiendo entre las rocas, de una tormenta que atraviesa un bosque de bambú, o del susurro de los pinos en alguna colina lejana.

Incluso durante el día, la luz de la habitación es tenue, pues los aleros bajos del techo inclinado dejan pasar pocos rayos de sol. Todos los tonos son sobrios desde el techo hasta el suelo; incluso los invitados eligen cuidadosamente prendas de colores discretos. La dulzura de la antigüedad está por encima de todo; todas las cosas que sugieren haber sido adquiridas recientemente son tabú, únicamente a excepción de la nota de contraste proporcionada por el cucharón de bambú y la servilleta de lino, ambos inmaculadamente blancos y nuevos. Por muy descoloridos que parezcan el salón del té y sus herramientas, todo está absolutamente limpio. No se encontrará ni una sola partícula de polvo en el rincón más oscuro, puesto que si así fuera, el anfitrión no sería un buen maestro del té. Uno de los primeros requisitos de un maestro del té es el conocimiento de cómo barrer, limpiar y lavar, pues existe un arte en limpiar y quitar el polvo. Una pieza trabajada en metal antiguo no debe ser atacada con el fervor sin escrúpulo de las amas de casa europeas. No es necesario limpiar el agua que gotea de un florero, ya que puede sugerir rocío y frescura.

En este aspecto hay una historia de Rikiu que ilustra de buena manera las ideas de la limpieza concebida por los maestros del té. Rikiu estaba mirando a su hijo Shoan mientras barría y regaba el camino del jardín. «No está lo suficientemente limpio», dijo Rikiu cuando Shoan terminó su tarea, y le pidió que lo intentara de nuevo. Después de una hora agotadora, el hijo se volvió hacia Rikiu: «Padre, no hay nada más que hacer. Los escalones han sido lavados por tercera vez, los faroles de piedra y los árboles están bien rociados con agua, el musgo y los líquenes están brillando con un fresco verdor; no he dejado ni una ramita, ni una hoja en el suelo». «Torpe joven», reprendió el maestro del té, «esa no es la forma en que se debe barrer el sendero de un jardín». Al decir esto, Rikiu entró en el jardín, sacudió un árbol y esparció por el jardín hojas doradas y carmesí, trozos del brocado del otoño. Lo que Rikiu exigía no solo era limpieza, sino también lo bello y lo natural.

El nombre «Morada de lo Sofisticado» implica una estructura creada para cumplir con algún requisito artístico individual. El salón del té está hecho para el maestro del té, no el maestro del té para el salón. No está destinado a la posteridad y, por tanto, es efímero. La idea de que todo el mundo debería tener una casa propia se basa en una antigua costumbre de la raza japonesa, la superstición sintoísta que ordena que cada vivienda deba ser evacuada tras la muerte de su ocupante principal. Es probable que haya habido alguna razón sanitaria en esta práctica. Otra antigua costumbre era que se proporcionara una casa nueva a cada pareja que se casara. Es a causa de tales costumbres que encontramos las capitales imperiales trasladadas con tanta frecuencia de un sitio a otro en la antigüedad. La demolición y reconstrucción, cada veinte años, del Templo de Ise[54], el santuario supremo de la Diosa del Sol, es un ejemplo de uno de estos antiguos ritos que aún se mantienen en la actualidad. La conservación de estas costumbres solo fue posible por alguna

54 El Santuario de Ise es el santuario Shintō más importante de Japón, considerado el lugar más sagrado de esta religión. Se localiza en la ciudad de Ise, en el centro de la prefectura de Mie, en la región central-sur del país. La zona en la que se ubica el santuario forma parte del parque nacional Ise-Shima, que incluye además otros lugares sagrados e históricos, como Meoto Iwa y el Saiku (residencia imperial durante la era Heian). El santuario es mencionado en los dos libros más antiguos de Japón, el *Kojiki* y el *Nihonshoki*, escritos a comienzos del siglo VIII, en los que se menciona que la fundación legendaria del santuario fue realizada en el año 4 a. C., por la princesa Yamatohime-no-mikoto, hija del emperador Suinin.

forma de construcción como la proporcionada por nuestro sistema de arquitectura de madera, fácil de derribar, fácil de construir. Un estilo más duradero, que empleara ladrillo y piedra, habría hecho impracticables las migraciones, como de hecho lo fueron cuando adoptamos la construcción de madera más estable y masiva de China después del período Nara[55].

A pesar del predominio del individualismo zen en el siglo XV, este antiguo concepto adquirió un significado más profundo cuando se concibió en relación con el salón del té. El zennismo, con la teoría budista de la evanescencia y sus demandas de dominio del espíritu sobre la materia, reconoció estos salones solo como un refugio temporal para el cuerpo. El cuerpo en sí no era más que una choza en el desierto, un frágil refugio hecho atando las hierbas que crecían alrededor; cuando estas dejaban de estar atadas, volvían a convertirse en el desperdicio original. En el salón de té se sugiere fugacidad en el techo

55 El período Nara, dentro de la historia japonesa, abarca desde 710 hasta 794 y sucedió al período Asuka. Se inicia cuando la emperatriz Genmei estableció la capital del país en el palacio de Heijō-kyō, en la actual ciudad de Nara.
Durante este período la mayor parte de la sociedad dependía de la agricultura y existían las villas. Muchos de los pobladores eran adeptos a la religión shinto. No obstante la capital Nara se transformó en una ciudad basada en la ciudad de Chang'an, capital de China durante la dinastía Tang. La clase alta japonesa asimiló la cultura china, adoptando el uso de caracteres chinos como sistema de escritura y que se convertirían en los actuales *kanji* japoneses y el asentamiento del budismo como religión en Japón.

de paja, fragilidad en los esbeltos pilares, ligereza en el soporte de bambú, a través de un aparente descuido en el uso de materiales comunes. Lo eterno se encuentra solo en el espíritu que, encarnado en este entorno simple, lo embellece con la luz sutil de su refinamiento.

El hecho de que el salón de té se construya para satisfacer algunos gustos individuales es una imposición del principio de vitalidad en el arte. El arte, para ser plenamente apreciado, debe ser fiel a la vida contemporánea. No es que debamos ignorar los reclamos de la posteridad, sino que debemos buscar disfrutar más del presente. Tampoco es que debamos ignorar las creaciones del pasado, sino que debemos intentar asimilarlas a nuestra conciencia. La conformidad servil a las tradiciones y fórmulas encadena la expresión de la individualidad en la arquitectura. No podemos más que llorar por las imitaciones sin sentido de los edificios europeos que uno contempla en el Japón moderno. Nos sorprende que, entre las naciones occidentales más progresistas, la arquitectura esté tan desprovista de originalidad, tan repleta de repeticiones de estilos obsoletos. Quizá estemos atravesando una era de democratización del arte, mientras esperamos el ascenso de algún señor principesco que establecerá una nueva dinastía. ¡Ojalá amáramos más a los antiguos y los copiáramos menos! Se ha dicho que los griegos fueron excelentes en este sentido porque nunca se basaron en la antigüedad.

El término «Morada de la Vacuidad», además de transmitir la teoría taoísta de aquello que todo lo contiene, implica la concepción de una necesidad continua de cambio en los motivos decorativos. El salón de té está absolutamente vacío, excepto por lo que se puede colocar allí temporalmente para satisfacer algún estado de ánimo estético. Se trae algún objeto de arte especial para la ocasión, y todo lo demás se selecciona y organiza para realzar la belleza del tema principal. Uno no puede escuchar diferentes piezas musicales al mismo tiempo, una comprensión real de lo bello solo es posible a través de la concentración en un único motivo central. Así se verá que el sistema de decoración de nuestros salones de té se opone al que prevalece en Occidente, donde el interior de una casa a menudo se convierte en un museo. Para un japonés acostumbrado a la simplicidad de la ornamentación y al frecuente cambio de método decorativo, un interior occidental permanentemente lleno de una amplia gama de cuadros, estatuas y baratijas da la impresión de ser una mera y vulgar exhibición de riquezas. Requiere una gran capacidad de apreciación para disfrutar de la vista constante incluso de una obra maestra, y sin duda debe ser ilimitada la capacidad de percibir el arte en aquellos que pueden existir día tras día en medio de tal confusión de color y forma, como se ve a menudo en los hogares de Europa y América.

El término «Morada de lo Asimétrico» sugiere otra fase de nuestro sistema decorativo. La ausencia de simetría en los objetos artísticos ha sido profusamente comentada por los críticos occidentales. Esto también se debe a la proliferación de los ideales del taoísmo y el zennismo. Tanto el confucianismo, con su idea profundamente arraigada del dualismo, como el budismo del norte con su culto a una trinidad, no se oponían en modo alguno a la expresión de la simetría. Como ejemplo de este hecho, si estudiamos las tallas en bronce de China o los objetos artísticos de la religión durante la dinastía Tang y el período Nara, podremos reconocer una lucha constante en la cuestión de la simetría. La decoración de nuestros interiores clásicos fue decididamente regular en su disposición. Sin embargo, la concepción taoísta y zen de la perfección era diferente. La naturaleza dinámica de su filosofía hacía más hincapié en el proceso mediante el cual se buscaba la perfección que en la perfección misma. La verdadera belleza solo puede ser descubierta por quien completó mentalmente lo incompleto. La virilidad de la vida y del arte residía en sus posibilidades de crecimiento. En el salón de té, se deja a cada invitado en libertad de imaginación para completar el efecto total en relación con él mismo. Desde que el zennismo se ha convertido en el modo de pensamiento predominante, el arte del Extremo Oriente ha evitado deliberadamente lo simétrico como expresión no solo de compleción, sino de repetición. La uniformidad del diseño se consideró fatal para la frescura de la imaginación. De este modo, los paisajes, los pájaros y las flores se convirtieron en los temas predilectos de la representación, dejando en un segundo plano la figura humana, estando esta última presente en la persona del propio espectador. A menudo somos demasiado evidentes, y a pesar de nuestra vanidad, incluso la autoestima puede volverse monótona.

En los salones de té, el miedo a la repetición está constantemente presente. Los diversos objetos de la decoración de una habitación deben estar escogidos de manera que no se repita ningún color o diseño. Si tienes una planta viva, el cuadro de una planta no está permitido. Si estás usando una tetera redonda, la jarra de agua debe ser angular. Una taza con un esmalte negro no debe colocarse en un carrito de té de laca negra. Al colocar un jarrón de un quemador de incienso sobre el *tokonoma*, se debe tener cuidado de no colocarlo en el centro exacto, para que no divida el espacio en mitades iguales. El pilar del *tokonoma* debe ser de un tipo de madera diferente al resto de pilares, para romper cualquier sugerencia de monotonía en la habitación.

Aquí el método de decoración de interiores japonés difiere del de Occidente, donde podemos ver objetos dispuestos simétricamente en repisas de chimenea y en otros lugares semejantes. En las casas occidentales a menudo nos enfrentamos a lo que nos parece una inútil reiteración. Es como si nos encontráramos hablando con un hombre mientras su retrato de cuerpo entero nos estuviera mirando desde atrás. Intentamos averiguar cuál de ellos es real, el del retrato o el que nos está hablando, y sentimos una curiosa convicción de que uno de ellos es un fraude. Muchas veces nos hemos sentado a la mesa en alguna festividad y hemos ocultado un shock en nuestra digestión, contemplando la representación de la abundancia en las paredes del comedor. ¿Por qué esas representadas víctimas de la persecución y el deporte, las elaboradas tallas de peces y frutas? ¿Por qué la exhibición de escenas familiares, recordándonos a los que han cenado con nosotros y están muertos?

La simplicidad de los salones de té y su liberación de la vulgaridad los hace un santuario de las vejaciones del mundo exterior. Allí y solamente allí uno puede consagrarse a la adoración tranquila de la belleza. En el siglo XVI, el salón de té brindó un grato respiro del trabajo a los feroces guerreros y estadistas comprometidos en la unificación y reconstrucción de Japón. En el siglo XVII, después de que se desarrolló el estricto formalismo de la regla Tokugawa[56], los salones de té ofrecieron la única oportunidad posible para la comunión libre de espíritus artísticos. Ante una gran obra de arte no existía

56 El shogunato Tokugawa fue el tercer y último shogunato que ostentó el poder en todo Japón; los dos anteriores fueron el shogunato Kamakura (1192-1333) y el shogunato Ashikaga (1336-1573).
Durante el período de los shogunatos, existía una especie de dictadura militar sometida específicamente al emperador de Japón. El shōgun, convertido en general en jefe de las fuerzas armadas de Japón, tenía el poder militar y político del país; mientras que al emperador le fueron asignados el poder espiritual y religioso, a modo de enlace entre las personas y los dioses, y poder nominal en la Corte Imperial de Kioto.
Quince shōgun administraron el poder del clan Tokugawa y del país durante 264 años, subordinando a los demás clanes a cambio de un poder secundario o provincial. En este período el clan es conocido por adoptar una política que centralizó y unificó al país devastado por las guerras de la antigua era Sengoku, y logró establecer un sistema de clases en la sociedad japonesa. También es conocido por adoptar una postura de aislamiento absoluto frente al resto del mundo (*sakoku*), que desembocó en la prohibición y expulsión de extranjeros y en la eliminación de influencias externas por cualquier medio. Tal fue el caso del exterminio de cristianos durante el shogunato, así como de otras resoluciones drásticas, cuyo propósito fue mantener el equilibrio de poder en Japón.

distinción entre daimio[57], samurái y plebeyo. Hoy en día, el industrialismo está dificultando cada vez más el verdadero refinamiento en todo el mundo. ¿Acaso no necesitamos el salón de té más que nunca?

57 Señores feudales del período Edo.

La apreciación del arte

¿Has oído hablar alguna vez del cuento taoísta de «la domesticación del arpa»?

Una vez, en los viejos tiempos, en el Barranco de Lungmen se encontraba un árbol Kiri[58], un verdadero rey del bosque. Era tan alto que levantaba la cabeza para hablar con las estrellas; sus raíces se hundían profundamente en la tierra, mezclando sus anillos de

58 Árbol frondoso, perteneciente a la familia de las *Paulowniaceae*. El árbol Kiri es originario de China y también conocido como árbol de la emperatriz. Suele crecer hasta unos 27 metros de altura, con troncos de entre 7 y 20 metros de diámetro. El Kiri se caracteriza por sus grandes hojas, que alcanzaron los 40 centímetros de ancho.
El árbol de la emperatriz, o árbol Kiri, tiene las raíces de su historia en el pueblo chino, que fue el primero en establecer una tradición asociada con ella: por lo general el Kiri se plantaba cuando nacía un niño, y cuando este se casaba, se acababa cortando para que se convirtiera en un instrumento musical, zuecos y muebles valiosos que acompañarían al recién casado o casada en la nueva familia.

bronce con los del dragón plateado que dormía debajo. Ocurrió que un mago poderoso convirtió a este árbol en un arpa maravillosa, cuyo espíritu obstinado debería ser domesticado, pero solo podría hacerlo el más grande de los músicos. Por largo tiempo el instrumento fue guardado como un tesoro por el Emperador de China, pero todos los esfuerzos de quienes intentaron sacar melodía de sus cuerdas fueron en vano. En respuesta a los sumos esfuerzos de los músicos, del arpa solo salían notas ásperas de desdén, malos acordes para las canciones que querían cantar. El arpa se negó a reconocer a ningún maestro.

Finalmente llegó Peiwoh, el príncipe de los arpistas. Con mano tierna acarició el arpa, del mismo modo en que se intentaría calmar a un caballo rebelde, y tocó suavemente las cuerdas. Cantó sobre la naturaleza y las estaciones, sobre altas montañas y aguas que fluían, ¡y todos los recuerdos del árbol se despertaron! Una vez más el dulce aliento de la primavera jugó entre sus ramas. Las jóvenes cataratas, mientras bailaban por el barranco, se reían con las flores en ciernes. Enseguida se oyeron las voces soñadoras del verano con su miríada de insectos, el suave golpeteo de la lluvia, el llanto del cuco. ¡Escuchad con atención! El rugido de un tigre recorre de nuevo el valle. Es otoño; en la noche del desierto, afilada como una espada, brilla la luna sobre la hierba helada. Ahora reina el invierno, y a través del aire nevado, bandadas de cisnes y granizo golpean las ramas con feroz deleite.

Entonces Peiwoh cambió la tonalidad y cantó al amor. El bosque se balanceaba como un ardiente amante sumido en sus pensamientos. En lo alto, como una doncella altiva, se extendió una nube brillante y hermosa; pero pasaba a lo largo, largas sombras arrastradas en el suelo, negras como la desesperación. Nuevamente cambió el tema; Peiwoh cantó sobre la guerra, sobre acero chocando y caballos pisoteando. Y en el arpa se levantó la tempestad de Lungmen, el dragón voló sobre la tormenta, la avalancha atronadora se estrelló contra las colinas. En éxtasis, el Monarca Celestial le preguntó a Peiwoh dónde estaba el secreto de su victoria. «Señor», respondió, «otros han fallado porque cantaron por sí mismos. En cambio yo dejé que el arpa eligiera su tema, y no sabría decir realmente si el arpa había sido Peiwoh o Peiwoh era el arpa».

Casa de té en Koishikawa la mañana siguiente a una nevada, Katsushika Hokusai (1830-1832)

Esta historia ilustra muy bien el misterio de la apreciación del arte. La obra maestra es una sinfonía interpretada sobre nuestros mejores sentimientos. El verdadero arte es Peiwoh, y nosotros el arpa de Lungmen. Al toque mágico de lo bello se despiertan los acordes secretos de nuestro ser, vibramos y nos emocionamos en respuesta a su llamada. La mente le habla a la mente. Escuchamos lo que no se habla, miramos lo que no se ve. El maestro evoca notas que no conocemos. Todos los recuerdos, olvidados durante mucho tiempo, vuelven a nosotros con un nuevo significado. Esperanzas sofocadas por el miedo, anhelos que no nos atrevemos a reconocer, se alzan con nueva gloria. Nuestra mente es el lienzo sobre el que los artistas ponen su color; sus pigmentos son nuestras emociones; su claroscuro es la luz de la alegría, la sombra de la tristeza. La obra maestra es de nosotros mismos, del mismo modo que nosotros somos de la obra maestra.

La empática comunión de mentes necesaria para la apreciación del arte debe basarse en la concesión mutua. El espectador debe cultivar la actitud adecuada para recibir el mensaje, ya que el artista debe saber transmitirlo. El maestro del té Kobori-Enshiu, que era un daimio, nos dejó estas memorables palabras: «Acércate a una gran pintura como te acercarías a un gran príncipe». Para entender una obra maestra, debes agacharte ante ella y esperar su más mínima expresión con la respiración contenida. Un eminente crítico de la dinastía Sung hizo una vez una encantadora confesión; dijo: «En mi juventud alabé al maestro cuyas pinturas

Camarera de una casa de té, Mizuno Toshikata (1893)

me gustaban, pero a medida que mi juicio maduraba, me elogiaba a mí mismo por gustarme lo que los maestros habían elegido que me gustara». Es de lamentar que tan pocos de nosotros nos tomemos la molestia de estudiar los estados de ánimo de los maestros. En nuestra obstinada ignorancia, nos negamos a ofrecerles esta simple cortesía y, por lo tanto, a menudo perdemos el rico ágape de belleza que se extiende ante nuestros ojos. Un maestro siempre tiene algo que ofrecer, mientras que nosotros pasamos hambre únicamente por nuestra propia falta de aprecio.

Para aquellos que saben apreciarlo, una obra maestra se convierte en una realidad viviente, hacia la que nos sentimos atraídos por lazos de camaradería. Los maestros son inmortales, porque sus amores y sus miedos viven en nosotros generación tras generación. Es más el alma que la mano, el hombre que la técnica, lo que nos atrae; cuanto más humana es la llamada, más profunda es nuestra respuesta. Es por este entendimiento secreto entre el maestro y nosotros que en la poesía o en el romance sufrimos y nos regocijamos con el héroe y la heroína. Chikamatsu, nuestro Shakespeare japonés, ha establecido como uno de los primeros principios de la composición dramática la importancia de hacer que la audiencia tenga la confianza del autor. Varios de sus alumnos le enviaron obras para su aprobación, pero solo una de las piezas le atrajo. Era una obra que se parecía un poco a *La comedia de las equivocaciones*[59], en la que unos hermanos gemelos sufren por una identidad equivocada. «Esto», dijo Chikamatsu, «tiene el espíritu apropiado del drama, porque toma en consideración a la audiencia. Al público se le permite saber más que a los personajes. Sabe dónde está el error y se compadece de las pobres figuras del tablero que se apresuran inocentemente a su destino».

Los grandes maestros tanto de Oriente como de Occidente nunca se olvidan del valor de la sugerencia como el método para hacerse con la confianza del espectador. ¿Quién puede contemplar una obra maestra sin dejarse asombrar por la inmensa vista del pensamiento que se nos presenta? ¡Cuán familiares y comprensivos

59 «La comedia de las equivocaciones» («The Comedy of Errors») es una obra de William Shakespeare, escrita entre 1591 y 1592. Está basada en *Menaechmi*, de Plauto, y, exceptuando poemas y sonetos, es la obra más corta del autor.

Este es el resumen de la obra, necesario para entender a qué se refiere con los hermanos gemelos:

Egeon y Emilia tuvieron gemelos, y ese mismo día Egeon compró otros dos gemelos recién nacidos a una familia humilde para que cada uno de sus hijos tuviese un sirviente. En un viaje, un naufragio los separa, y desde entonces Egeon permanece con uno de sus hijos y uno de los futuros criados, por un lado, y Emilia con los otros dos. El resto de la familia terminará en Éfeso. Después de varios años sin contacto, Antífolo y Dromio de Siracusa deciden salir a recorrer el mundo en busca de su hermano Antífolo y de su madre Emilia, y entre los muchos lugares que visitan, llegan a Éfeso. Poco después de que desembarcan, comienzan a ser confundidos con Antífolo y Dromio de Éfeso tanto por la población de la ciudad como por su mujer y cuñada e incluso entre ellos mismos cuando coinciden un Antífolo de una ciudad con un Dromio de la otra.

son todos; qué frío en contraste con los lugares comunes modernos! Al principio sentimos la cálida efusión del corazón de un hombre; al final solo un saludo formal. Absorto en su técnica, el ser moderno rara vez se eleva por encima de sí mismo. Como los músicos que invocaban en vano el arpa de Lungmen, cantan solo de sí mismos. Sus obras pueden estar más cercanas a la ciencia, pero están más alejadas de la humanidad. Tenemos un viejo dicho en Japón que dice que una mujer no puede amar a un hombre que es verdaderamente vanidoso, porque no hay grietas en su corazón para que el amor entre y se llene su corazón. En el arte, la vanidad es igualmente fatal para el sentimiento de empatía, ya sea por parte del artista o del público.

Nada es más sagrado que la unión de almas gemelas en el arte. En el momento del encuentro, el amante del arte se trasciende a sí mismo. De inmediato, existe y deja de existir. Él alcanza a vislumbrar el Infinito, pero las palabras no pueden expresar su deleite, porque el ojo no tiene lengua. Liberado de las cadenas de la materia, su espíritu se mueve al ritmo de las cosas. Es así que el arte se asemeja a la religión y ennoblece a la humanidad. Es esto lo que hace que una obra maestra sea algo sagrado. En los viejos tiempos era intensa la veneración que los japoneses profesaban hacia la obra del gran artista. Los maestros del té guardaban sus tesoros con secreto religioso, y a menudo era necesario abrir toda una serie de cajas, una dentro de otra, antes de llegar al relicario mismo, el envoltorio de seda dentro de cuyos suaves pliegues se encontraba lo más sagrado de entre todo lo sagrado. Rara vez el objeto estaba expuesto a la vista, y luego solo a los iniciados.

En el momento en que el teaísmo estaba en ascenso, los generales de Taiko estarían más satisfechos con una rara obra de arte como regalo que con una gran concesión de territorio como recompensa de la victoria. Muchas de nuestras obras teatrales favoritas están basadas en la pérdida y recuperación de una gran obra de arte. Por ejemplo, una obra de teatro se ambienta en el palacio de Hosokawa[60], en el que se conservó el célebre cuadro de *Dharuma*, del autor Sesson, y de repente se incendia debido a la negligencia del samurái a cargo. Resuelto a sortear todos los peligros necesarios para rescatar la preciosa pintura, se apresura al interior del edificio en llamas y se apodera del *kakemono*[61], solo para encontrar todos los medios de salida cortados por las llamas. Pensando solo en la imagen, abre su cuerpo con su espada, envuelve su manga rota alrededor del Sesson y lo sumerge en la herida abierta. El fuego por fin se apaga. Entre las brasas humeantes se encuentra un cadáver a

60 Hosokawa Tadaoki fue un guerrero samurái japonés de finales del período Sengoku y principios del período Edo.

61 El *kakemono*, en el arte japonés, es un objeto que se cuelga de la pared, generalmente una pintura o caligrafía. Se cuelga de forma alargada en sentido vertical, en un muro o en el interior de un *tokonoma*. El soporte sobre el que se realiza la obra de arte puede ser de papel o seda. En sus extremos se encuentran unos cilindros fijos, llamados *jiku*, que ayudan a mantener su superficie tersa y plana, al tiempo que permiten que sea enrollado para su almacenaje.
Tradicionalmente se sitúan en el interior de un *tokonoma*. Cuando se expone en un *chashitsu*, estancia donde se desarrolla la ceremonia del té, la elección del *kakemono* y del arreglo floral ayudan a establecer la ambientación espiritual de la ceremonia. Puede ser fácil y rápidamente cambiado para adaptarse a la estación del año o a la ocasión.

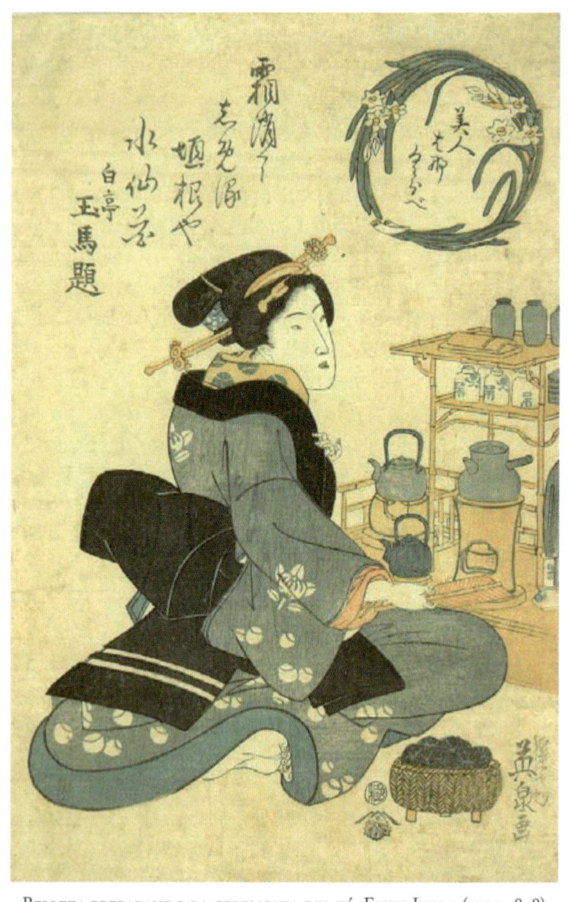

Belleza preparando la ceremonia del té, Eisen Ikeda (1790-1848)

medio consumir, dentro del cual reposa el tesoro intacto por el fuego. Por horribles que sean esos cuentos, ilustran el gran valor que atribuimos a una obra maestra, así como la devoción de un samurái de confianza.

Debemos recordar, no obstante, que el arte es valioso únicamente en la medida en que nos habla directamente a nosotros. Podría ser un lenguaje universal si nosotros mismos fuéramos universales en nuestros gustos. Nuestra naturaleza finita, el poder de la tradición y el convencionalismo, así como nuestros instintos hereditarios, restringen el alcance de nuestra capacidad de disfrute artístico. Cada una de nuestras individualidades establece, en cierto sentido, un límite para nuestro entendimiento; y nuestra cualidad estética personal busca sus propias afinidades en las creaciones del pasado. Es cierto que, con la debida educación, nuestro sentido de apreciación del arte aumenta, y podemos llegar a ser capaces de disfrutar de muchas expresiones de belleza hasta ahora no reconocidas. Pero, después de todo, solamente vemos nuestra propia imagen proyectada en el universo, nuestras idiosincrasias particulares dictaminan el modo de nuestras percepciones. Los maestros del té coleccionaban únicamente objetos que se ajustaban estrictamente a la medida de su apreciación individual.

A este respecto, es importante recordar una historia sobre Kobori-Enshiu. Enshiu fue felicitado por sus discípulos por el admirable gusto que había mostrado en la elección de su colección. Estos dijeron: «Cada pieza es tal que nadie podría dejar de admirar. Demuestra que tienes mejor gusto que el que tenía Rikiu, ya que su colección solo podía ser apreciada por un espectador entre mil». Enshiu respondió con tristeza: «Esto que decís solo demuestra lo común que soy. El gran Rikiu se atrevió a amar solo aquellos objetos que personalmente le atraían, mientras que yo, inconscientemente, atiendo el gusto de la mayoría. En verdad, Rikiu era uno entre mil entre los maestros del té».

Es de lamentar que gran parte del aparente entusiasmo por el arte en la actualidad no se base en un sentimiento real. En esta era democrática nuestra, los hombres claman por lo que popularmente se considera lo mejor, independientemente de sus sentimientos. Quieren lo costoso, no lo refinado; la moda, no la belleza. Para las masas, la contemplación de las famosas publicaciones periódicas, producto digno de su propio industrialismo, proporcionaría un alimento más digerible para el disfrute artístico que los primeros italianos o los maestros Ashikaga[62], a quienes

62 El shogunato Ashikaga fue el segundo régimen feudal militar japonés, establecido por los shōgun del clan Ashikaga durante 1336 hasta 1573. El período es también conocido como el período Muromachi. El budismo zen, la secta Ch'an, que según la tradición fue fundada en China en el siglo VI, se introdujo en Japón por segunda vez, y allí arraigó. Con las expediciones seglares y las misiones comerciales a China organizadas por los templos zen, se incrementó en Japón la importación de pinturas y objetos de arte chinos, que ejercieron una profunda influencia sobre los artistas japoneses que trabajaban para los templos zen y para el shogunato, no solo en lo relativo a los temas, sino en el uso del color.
Otra innovación importante de la época es la ceremonia del té y el lugar donde se celebraba. Para las casas de té se adoptó la estética aparentemente simple de las viviendas rurales, dando preferencia a materiales naturales, como troncos de árboles para los muros exteriores y los tejidos de paja para las divisiones interiores.

pretenden admirar. El nombre del artista es más importante para ellos que la calidad del trabajo. Como se quejó un crítico chino hace muchos siglos, «la gente critica una imagen con el oído». Es esta falta de apreciación genuina la responsable de los horrores pseudoclásicos que hoy nos saludan dondequiera que miremos.

Otro error muy común es el de confundir el arte con la arqueología. La veneración nacida de la antigüedad es uno de los mejores rasgos del carácter humano, y de buena gana lo cultivamos en mayor medida. Los viejos maestros deben ser honrados con razón por haber abierto el camino a la iluminación futura. El mero hecho de que hayan pasado indemnes a través de siglos de críticas y bajen a nosotros todavía cubiertos de gloria exige nuestro respeto. Pero seríamos realmente tontos si valoramos sus logros simplemente en función de la edad. Sin embargo, permitimos que nuestra simpatía histórica anule nuestra discriminación estética. Hacemos ofrendas florales de aprobación cuando el artista está a salvo en su tumba. El siglo XIX, plenamente significativo por la teoria de la evolución, nos ha creado además el hábito de perder de vista al individuo dentro de la especie. Un coleccionista está ansioso por adquirir ejemplares para ilustrar un período o una escuela, y olvida que una sola obra maestra puede enseñarnos más que cualquier desorbitado número de productos mediocres de un período o escuela determinados. Clasificamos demasiado y disfrutamos muy poco. El sacrificio de la estética en favor del llamado método científico de exhibición ha sido la ruina de muchos museos.

Las reivindicaciones del arte contemporáneo no pueden ignorarse en ningún esquema vital de la vida. El arte de hoy es lo que realmente nos pertenece: es nuestro propio reflejo. Al condenarlo, nos condenamos a nosotros mismos. Decimos que la época actual no posee arte: ¿quién es el responsable de esto? De hecho, es una pena que, a pesar de todas nuestras rapsodias sobre los antiguos, prestemos tan poca atención a nuestras propias posibilidades. ¡Artistas que luchan, almas cansadas que permanecen a la sombra del frío desdén! En nuestro siglo egocéntrico, ¿qué inspiración les ofrecemos? El pasado bien puede mirar con lástima la pobreza de nuestra civilización; el futuro se reirá de la esterilidad de nuestro arte. Estamos destruyendo lo bello de la vida. Ojalá algún gran mago pudiera, desde el tronco de la sociedad, dar forma a un arpa poderosa cuyas cuerdas resonarían al toque de un genio.

Flores

En el temblor grisáceo del amanecer, cuando los pájaros susurran en un ritmo misterioso entre los árboles, ¿no has sentido que estaban hablando entre ellos sobre las flores? Seguramente para la humanidad la apreciación de las flores debe haber sido coetánea con la poesía del amor. ¿Dónde mejor que en una flor, dulce en su inconsciencia, fragante por su silencio, podemos imaginar la revelación de un alma virgen? El hombre primigenio, al ofrecer la primera guirnalda a su doncella, trascendió así al bruto. Se hizo humano al elevarse así por encima de las crudas necesidades de la naturaleza. Entró en el reino del arte cuando percibió el uso sutil de lo inútil.

En la felicidad o en la tristeza, las flores son nuestras constantes amigas. Nosotros comemos, bebemos, cantamos, bailamos y flirteamos con ellas. Nos casamos y nos bautizamos con flores. No nos atrevemos a morir sin ellas. Hemos estado adorando con el lirio, hemos

Flores, Hokusai Katsushika

meditado con el loto, hemos cargado en orden de batalla con la rosa y el crisantemo. Incluso hemos llegado a intentar hablar en el lenguaje de las flores. ¿Cómo podríamos vivir sin ellas? Verdaderamente da miedo concebir un mundo desprovisto de su presencia. ¿Cuánto consuelo no aportan a la cabecera de los enfermos, cuánta luz de dicha a la oscuridad de los espíritus cansados? Su serena ternura nos devuelve nuestra menguante confianza en el universo, incluso cuando la mirada atenta de un hermoso niño recuerda nuestras esperanzas perdidas. Cuando estamos hundidos en el polvo, son ellas las que permanecen en el dolor sobre nuestras tumbas.

Por triste que sea, no podemos ocultar el hecho de que, a pesar de nuestro compañerismo con las flores, no nos hemos elevado mucho por encima de la brutalidad humana. Rasca la piel de oveja y el lobo dentro de nosotros pronto mostrará sus dientes. Se ha dicho que un hombre a los diez años es un animal, a los veinte un lunático, a los treinta un fracasado, a los cuarenta un fraude y a los cincuenta un criminal. Quizá se convierte en un criminal porque nunca dejó de ser un animal. Nada es real para nosotros excepto el hambre, nada es más sagrado que nuestros propios deseos. Santuario tras santuario se ha derrumbado ante nuestros ojos; pero un altar se conserva para siempre, en el cual quemamos incienso al ídolo supremo: nosotros mismos. ¡Nuestro dios es grande y el dinero es su profeta! Devastamos la naturaleza para hacerle un sacrificio. Nos jactamos de haber conquistado la Materia y olvidamos que es la Materia la que nos ha esclavizado. ¡Qué atrocidades no perpetramos en nombre de la cultura y el refinamiento!

Decidme, queridas flores, lágrimas de las estrellas, quietas en el jardín, balanceando vuestras cabezas a las abejas al tiempo que estas cantan del rocío y los rayos del sol, ¿sois conscientes del terrible destino que os espera? Seguid soñando, balanceándoos y divirtiéndoos con la suave brisa del verano mientras podáis. Mañana una mano despiadada se cerrará alrededor de vuestras gargantas. Seréis desgarradas, despedazadas miembro por miembro y llevadas lejos de vuestros silenciosos hogares. Esa miserable persona probablemente esté pasándolo bien. Incluso puede deciros lo hermosas que sois mientras sus dedos todavía están húmedos con vuestra sangre. Decidme, ¿será esto bondad? Puede ser vuestro destino ser aprisionadas en el cabello de alguien que sabéis que no tiene corazón, o ser metidas en el ojal de alguien que no se atrevería a miraros a la cara si fuerais un hombre. Incluso puede ser vuestra suerte estar confinadas en algún recipiente estrecho con únicamente agua estancada para saciar la sed enloquecedora que sobreviene de la vida en decadencia.

Flores, si estuvieras en la tierra del Mikado[63], es posible que en algún momento conozcáis a un temible personaje armado con tijeras y una pequeña sierra. Se llamaría a sí mismo «maestro de las flores». Este reclamaría

63 Término obsoleto que se usaba para denominar al Emperador de Japón y que ha sido sustituido por la palabra *tennō*.

para sí los derechos de un médico y tú lo odiarías instintivamente, porque sabes que un médico siempre busca prolongar los problemas de sus víctimas. Él te cortaría, doblaría y torcería en esas posiciones imposibles que él cree que es apropiado que asumas. Contorsionaría tus músculos y dislocaría tus huesos como cualquier osteópata. Te quemaría con carbones al rojo vivo para detener tu sangrado y te introduciría cables para ayudar a tu circulación. Te haría una dieta con sal, vinagre, alumbre[64] y, a veces, vitriolo[65]. Te verterían agua hirviendo en los pies cuando parecieras a punto de desmayarte. Se jactaría de poder mantener la vida dentro de ti durante dos o más semanas, más de lo que hubiera sido posible sin el «tratamiento». ¿No hubieras preferido que te mataran de inmediato cuando te capturaron por primera vez? ¿Cuáles fueron los crímenes que debió haber cometido durante su encarnación pasada para justificar tal castigo en esto?

El desperdicio desenfrenado de flores entre las comunidades occidentales es aún más espantoso que la forma en que son tratadas por los maestros de flores orientales. La cantidad de flores cortadas diariamente para adornar los salones de baile y las mesas de banquete de Europa

64 Se conoce como alumbre a un tipo de sulfato doble compuesto por el sulfato de un metal trivalente, como el aluminio, y otro de un metal monovalente. También se pueden crear dos soluciones: una solución saturada en caliente y una solución saturada en frío. Generalmente se refiere al alumbre potásico.

65 1.- Nombre que se daba antiguamente al sulfato. 2.- Ácido sulfúrico.

y América, para tirarlas al día siguiente, debe ser algo enorme; si se unen, podrían adornar un continente. Al lado de este absoluto descuido de la vida, la culpa del maestro de las flores se vuelve insignificante. Él, al menos, respeta la economía de la naturaleza, selecciona a sus víctimas con cuidadosa previsión y, después de la muerte, honra sus restos. En Occidente, la exhibición de flores parece ser parte del esplendor de la riqueza, la fantasía de un momento. ¿Adónde van todas estas flores cuando termina la juerga? Nada es más lamentable que ver una flor marchita arrojada sin piedad sobre un montón de estiércol.

¿Por qué las flores nacieron tan hermosas y, sin embargo, son tan desventuradas? Los insectos las pueden picar, e incluso las bestias más mansas pelearán cuando las atrapen. Las aves cuyo plumaje se busca para cubrir algún tocado pueden volar de su perseguidor; el animal cuyo pelo se codicia para hacer un abrigo puede esconderse al acercarse su cazador. ¡Pobre de mí! La única flor conocida por tener alas es la mariposa; todas las demás permanecen indefensas ante su destructor. Si gritan en su agonía de muerte, su grito nunca llega a nuestros oídos endurecidos. Somos siempre brutales con quienes nos aman y nos sirven en silencio, pero puede llegar el momento en que, por nuestra crueldad, seamos abandonados por estos grandes amigos nuestros. ¿No has notado que las flores silvestres son cada año más escasas? Puede ser que sus sabios les hayan dicho que se vayan hasta que el hombre se vuelva más humano. Quizá hayan emigrado al cielo.

Hierbas y flores occidentales, Chigusa Soun (1873-1944)

Mucho se puede decir en favor de aquel que cultiva plantas. El hombre de la maceta es, con diferencia, mucho más humano que el hombre con las tijeras. Vemos con deleite su preocupación sobre el agua y la luz, su enemistad con los parásitos, su terror con las heladas, su ansiedad cuando los capullos brotan lentamente, su éxtasis cuando las hojas adquieren su brillo. En el este, el arte de la floricultura es uno de los más antiguos, y el amor que profesa el poeta hacia su planta favorita ha sido a menudo recordado en historias y canciones. Con el desarrollo de la cerámica durante las dinastías Tang y Sung oímos hablar de maravillosos receptáculos hechos para contener plantas, no macetas, sino palacios con joyas. Se designó a un asistente especial para atender cada flor y lavar sus hojas con suaves cepillos hechos de pelo de conejo. En el «Pingtse» de Yuenchunlang[66] se escribió que la peonía debe ser bañada por una hermosa doncella con un traje completo, que una ciruela de invierno debe ser regada por un monje pálido y delgado. En Japón, uno de los bailes noh[67] más populares, el Hachinoki, compuesto durante el período Ashikaga, se basa en la historia de un caballero empobrecido que, en una noche helada, por falta de leña para el fuego, corta sus plantas más

66 No se han encontrado referencias sobre el autor y la obra.

67 El *nō* o *noh* es una de las manifestaciones más destacadas del drama musical japonés que se ha realizado desde el siglo XIV (período Muromachi). Estas representaciones combinan canto, drama, danza y orquestación de tres o cuatro instrumentos y tienen como principio regidor el *yūgen* (elegancia, belleza, misterio).

preciadas para entretener a un fraile errante. En realidad, el fraile no es otro que Hojo-Tokiyori, el Haroun-Al-Raschid de nuestros relatos, y el sacrificio no deja de tener su recompensa. Esta ópera nunca deja de sacar lágrimas de la audiencia de Tokio incluso hoy[68].

Se tomaban grandes precauciones para preservar las delicadas flores. El emperador Huensung, de la dinastía Tang, colgó campanillas doradas en las ramas de su jardín para mantener alejados a los pájaros. Él fue quien se marchó en primavera con los músicos de la corte para alegrar las flores con música suave. Una tablilla pintoresca, que la tradición atribuye a Yoshitsune[69], el héroe de nuestras leyendas artúricas, todavía se conserva en uno de los

---

68 Resumen completo de la obra: El regente de Kamakura, Hôjô Tokiyori, viaja de incógnito como sacerdote. Busca refugio de la nieve en la casa de Tsuneyo, el antiguo señor de Sano que ahora vive en la pobreza. Tsuneyo corta tres valiosos árboles en macetas como leña para calentar a su invitado y explica que, aunque le habían quitado sus tierras, lucharía con gusto por el Señor de Kamakura. Tokiyori no revela su identidad, pero cuando regresa a Kamakura emite una alarma general. Fiel a su palabra, Tsuneyo aparece ante Tokiyori, y se da cuenta de que era el mismo «sacerdote» que había visitado su hogar. Tokiyori devuelve las tierras de Tsuneyo y le da tres nuevas propiedades a cambio de los tres árboles a los que voluntariamente renunció.

69 Minamoto no Yoshitsune fue un general del clan Minamoto de Japón que vivió en los últimos años del período Heian y a comienzos del período Kamakura. Es uno de los samuráis más destacados de la historia japonesa, conocido por ser uno de los miembros claves del clan Minamoto que le permitió a este recuperarse de los fracasos militares que había sufrido en los tres años anteriores y derrotar y aniquilar en tan solo un año al clan Taira, hasta entonces dominante, durante las Guerras Genpei en 1185.

monasterios japoneses (en Sumadera, cerca de Kobe). En este se representa un aviso colocado para la protección de un maravilloso ciruelo, y nos atrae con el humor lúgubre de una época bélica. Después de referirse a la belleza de las flores, la inscripción dice: «Quien corte una sola rama de este árbol, perderá un dedo». ¡Ojalá se pudieran hacer cumplir estas leyes hoy en día contra quienes destruyen sin razón flores y mutilan objetos de arte!

Sin embargo, incluso en el caso de las flores en maceta, nos inclinamos a sospechar del egoísmo del hombre. ¿Por qué sacar las plantas de sus hogares y pedirles que florezcan en un entorno extraño? ¿No es como pedirles a los pájaros que canten y se apareen encerrados en jaulas? ¿Quién sabe si las orquídeas se sienten sofocadas por el calor artificial de sus invernaderos y anhelan desesperadamente echar un vistazo a sus propios cielos del sur?

El verdadero amante de las flores es aquel que las visita en sus lugares nativos, como Taoyuenming[70] (uno de los poetas y filósofos chinos más célebre), quien se sentaba sobre el tocón de un bambú roto a conversar con el crisantemo salvaje, o Linwosing[71], perdiéndose en medio de una misteriosa fragancia mientras

70 Tao Yuanming (365 o 372-427) o Tao Qian fue un escritor chino de inspiración taoísta. Celebró la vida campesina y el vino. *La fuente de las flores del pescador* o *La fuente del jardín de los melocotoneros* es una obra representativa, cuya temática es una sociedad sin Estado ni jerarquía ubicada en un valle oculto.

71 No se han encontrado referencias sobre el autor y su obra.

deambulaba en el crepúsculo entre las flores de ciruelo del lago Occidental. Se dice que Chowmushih[72] durmió en un bote para que sus sueños pudieran mezclarse con los del loto. Fue el mismo espíritu que conmovió a la emperatriz Komio, una de nuestras soberanas de Nara más renombradas, mientras cantaba: «¡Si te arranco, mi mano te contaminará, oh flor! De pie en los prados como estás, te ofrezco a los Budas del pasado, del presente, del futuro».

Sin embargo, no seamos demasiado sentimentales. Seamos menos lujosos pero más magníficos. Laotse dijo: «El cielo y la tierra son despiadados». Kobodaishi[73] dijo: «Fluye, fluye, fluye, fluye, la corriente de la vida sigue adelante. Muere, muere, muere, muere, la muerte llega a todos». La destrucción nos enfrenta dondequiera que miremos. Destrucción arriba y abajo, destrucción delante y detrás. El cambio es lo único eterno, ¿por qué no dar la bienvenida a la muerte tanto como a la vida? No son sino contrapartes una de la otra, la Noche y el Día de

72 No se han encontrado referencias sobre el autor y su obra.

73 Kūkai conocido tras su muerte como Kōbō-Daishi (el Gran Maestro que propagó la enseñanza budista), 774-835, fue un monje, funcionario público, erudito, poeta y artista japonés, fundador de la secta de budismo shingon.

Brahma[74]. A través de la desintegración de lo antiguo, la recreación se hace posible. Hemos adorado a la Muerte, la implacable diosa de la misericordia, con muchos nombres diferentes. Fue la sombra del Devorador de Todo

74 1.- En el marco del hinduismo, Brahmá es el primer ser humano, algunos dicen dios creador del universo y miembro de la Trimurti ('tres formas'), la tríada conformada por Brahmá (dios creador), Visnú (dios preservador) y Shiva (dios destructor).
Según un mito hinduista poco difundido, los tres dioses surgieron del huevo cósmico puesto por la diosa Ammavaru*.
Según otro mito más moderno, de origen visnuista (de los adoradores del dios Visnú), Brahmá surgió de una flor de loto que flotaba en el océano del ombligo de Visnú durmiente (que genera la existencia del universo en sus sueños).
Aunque quizá el mito primero es aquel que supone a Brahmá como el primer ser creado por el Brahman**, e incluso como la primera personificación del absoluto Brahman, mediante la cual el Brahman crea todo.
* Ammavaru, de acuerdo con una creencia hindú, es una antigua diosa que existió antes del comienzo de los tiempos y puso el huevo cósmico, del cual surgieron los Tri-murti ('tres formas'). La palabra *Amma* significa madre.
**Brahman (divinidad impersonal hinduista): idea hinduista del Dios sin forma.
2.- En el marco del budismo, Brahmá es el nombre genérico de un gran número de deidades budistas impasibles, muy relevantes en la cosmología budista.

lo que los *Ghebers*[75] recibieron en el fuego. Es el gélido purismo de la espada del alma ante el que el sintoísmo de Japón se postra incluso hoy. El fuego místico consume nuestra debilidad, la espada sagrada corta la esclavitud del deseo. De nuestras cenizas brota el fénix de la esperanza celestial, de la libertad surge una mayor realización de la humanidad.

¿Por qué no destruir las flores si así podemos desarrollar nuevas formas que ennoblecen la idea del mundo? Solo les pedimos que se unan a nuestro sacrificio por lo bello. Expiaremos el hecho consagrándonos a la Pureza y la Sencillez. Así razonaron los maestros del té cuando establecieron el culto a las flores.

Cualquiera que esté familiarizado con las costumbres de nuestros maestros del té y de las flores debe haber notado la veneración religiosa con la que miran las flores. No seleccionan al azar, sino que seleccionan cuidadosamente cada rama o ramillete teniendo en cuenta la composición artística que tienen en mente. Se sentirían avergonzados si tuvieran la oportunidad de cortar

75 *Ghebers* o *Guebres*. Los nativos originales de Irán (Persia), que se adhirieron a la religión de Zoroastro*, y (después de la conquista de su país por los árabes) se convirtieron en abandonados y proscritos. El término ahora se aplica a los adoradores del fuego en general.
*El zoroastrismo, por el nombre de su fundador e iniciador, es la denominación de la religión y filosofía que, derivada de una religión anterior denominada mazdeísmo, se funda en las enseñanzas del profeta y reformador iraní Zoroastro (Zarathustra), que reconocen como divinidad a Ahura Mazda, considerado por Zoroastro como el único creador increado de todo.

más de lo absolutamente necesario. Cabe señalar a este respecto que siempre asocian las hojas, si las hay, con la flor, porque el objeto es presentar toda la belleza de la vida vegetal. En este sentido, como en muchos otros, su método difiere del que se sigue en los países occidentales. Aquí es probable que solo veamos los tallos de las flores, cabezas por así decirlo, sin cuerpo, clavadas promiscuamente en un jarrón.

Cuando un maestro del té haya dispuesto una flor a su satisfacción, la colocará en el *tokonoma*, el lugar de honor en una habitación japonesa. No se colocará nada más cerca de ella que pueda interferir con su efecto, ni siquiera un cuadro, a menos que haya alguna razón estética especial para la combinación. Allí descansa como un príncipe entronizado, y los invitados o discípulos al entrar en la habitación lo saludarán con una profunda reverencia antes de dirigirse al anfitrión. Los dibujos de las obras maestras se hacen y se publican para la formación de los aficionados. La cantidad de literatura sobre el tema es bastante voluminosa. Cuando la flor se marchita, el maestro la envía tiernamente al río o la entierra con cuidado en el suelo. A veces se erigen monumentos en su memoria.

El nacimiento del arte del arreglo floral parece ser simultáneo al del teaísmo en el siglo XV. Nuestras leyendas atribuyen el primer arreglo floral a los primeros santos budistas que recogieron las flores esparcidas por una tormenta y, en su infinita solicitud por todos los seres vivos, las colocaron en vasijas de agua. Se dice que Soami, el gran pintor y conocedor de la corte de Ashikaga-Yoshimasa, fue uno de los primeros adeptos en ella. Juko, el maestro del té, fue uno de sus alumnos, al igual que Senno, el fundador de la casa de Ikenobo, una familia tan ilustre en los anales de las flores como la de los Kanos en la pintura. Con el perfeccionamiento del ritual del té por parte de Rikiu, en la última parte del siglo XVI, los arreglos florales también alcanzan su pleno crecimiento. Rikiu y sus sucesores, los célebres Oda-wuraka, Furuka-Oribe, Koyetsu, Kobori-Enshiu, Katagiri-Sekishiu, competían entre sí para formar nuevas combinaciones. Debemos recordar, sin embargo, que el culto a las flores de los maestros del té formaba solo una parte de su ritual estético y no era una religión distinta en sí misma. Un arreglo floral, como las otras obras de arte en el salón de té, estaba subordinado al esquema total de decoración. Por lo tanto, Sekishiu ordenó que las flores de ciruelo blancas no se debían utilizar cuando hubiera nieve en el jardín. Las flores «ruidosas» fueron desterradas implacablemente del salón de té. Un arreglo floral realizado por un maestro del té pierde su significado si se quita del lugar para el que fue originalmente destinado, ya que sus líneas y proporciones se han trabajado especialmente con vistas a su entorno.

La adoración de la flor por sí misma comienza con el surgimiento de los «maestros de las flores», hacia mediados del siglo XVII. Es en ese momento cuando se vuelve independiente del salón de té y no conoce otra ley que la que le impone el jarrón. Ahora son posibles nuevas concepciones y métodos de ejecución, y muchos fueron los principios y escuelas resultantes de ellos. Un escritor de mediados del siglo pasado dijo que podía contar más de cien escuelas diferentes de arreglos florales. A grandes rasgos, estos se dividen en dos ramas principales, la Formalista y la Naturalista. Las escuelas formalistas, dirigidas por los Ikenobos[76], apuntaban a un idealismo clásico correspondiente al de los Kano-académicos. Poseemos registros de arreglos de los primeros maestros de esta escuela que casi reproducen las pinturas de flores de Sansetsu y Tsunenobu. La escuela Naturalista, por su parte, aceptó la naturaleza como modelo, imponiendo únicamente modificaciones de forma conducentes a la expresión de la unidad artística. Así reconocemos en sus obras los mismos impulsos que formaron las escuelas de pintura Ukiyoe y Shijo.

Sería interesante, si tuviéramos tiempo, entrar más plenamente de lo que ahora es posible en las leyes de composición y detalle formuladas por los diversos maestros de las flores de este período, mostrando, como lo harían, las teorías fundamentales que regían la decoración Tokugawa. Los encontramos refiriéndose al Principio Rector (Cielo), el Principio Subordinado (Tierra), el Principio Reconciliador (Hombre), y cualquier arreglo floral que no incorpore estos principios se considera estéril y muerto. También insistieron mucho en la importancia de tratar una flor en sus tres aspectos diferentes, el formal, el semiformal y el informal. Se podría decir que el primero representa flores con el majestuoso traje del salón de baile, el segundo con la sencilla

76 Ikenobō es la mayor y más antigua escuela en Japón de ikebana o arreglo floral japonés.

elegancia del vestido de tarde, el tercero en la encantadora ropa de andar por casa.

Nuestras simpatías personales están con los arreglos florales del maestro del té más que con los del maestro de las flores. El primero es arte en su propio marco y nos atrae por su verdadera intimidad con la vida. Quisiéramos llamar a esta escuela la Natural, en contraposición a las escuelas Naturalista y Formalista. El maestro del té considera que su deber terminó con la selección de las flores y les deja que cuenten su propia historia. Al entrar en un salón de té a finales del invierno, es posible que vea una fina capa de cerezas silvestres en combinación con una camelia en ciernes; es un eco de la partida del invierno junto con la profecía de la primavera. Una vez más, si toma un té al mediodía en un día de verano irritantemente caluroso, puede descubrir en el frescor oscurecido del *tokonoma* un solo lirio en un jarrón colgante; chorreando rocío, que parece sonreír ante la locura de la vida.

Un ramo sencillo de flores es interesante, pero en unión con pintura y escultura la combinación se vuelve fascinante. Sekishiu una vez colocó algunas plantas acuáticas en un recipiente plano para sugerir la vegetación de lagos y marismas, y en la pared de arriba colgó una pintura de Soami de patos salvajes volando en el aire. Shoha, otro maestro del té, combinó un poema sobre la belleza de la soledad junto al mar con un quemador de incienso de bronce en forma de cabaña de pescadores y algunas flores silvestres de la playa. Uno de los invitados manifestó que sintió en toda la composición el aliento del otoño menguante.

Las historias de flores son infinitas. Contaremos solo una más: En el siglo XVI, la campanilla era todavía una planta rara entre nosotros. Rikiu tenía un jardín entero plantado con ellas, que cultivó con asiduo cuidado. La fama de sus campanillas llegó al oído del Taiko, quien expresó el deseo de verlas, por lo que Rikiu lo invitó a tomar el té de la mañana en su casa. El día señalado, Taiko caminó por el jardín, pero en ninguna parte pudo ver ningún vestigio de las campanillas. El suelo estaba nivelado y sembrado de guijarros finos y arena. Con hosca ira, el déspota entró en el salón de té, pero lo aguardaba un espectáculo que le devolvió el humor por completo. Sobre el *tokonoma*, en un raro jarrón de bronce Sung, yacía una sola campanilla: ¡la reina de todo el jardín!

En tales casos, vemos todo el significado del sacrificio de flores. Quizá las flores aprecien todo su significado. No son cobardes, como los hombres. Algunas flores se glorían en la muerte, ciertamente las flores de cerezo japonesas lo hacen, ya que se entregan libremente a los vientos. Cualquiera que haya estado ante la fragante avalancha de Yoshino[77] o

77 La provincia de Yoshino fue una provincia japonesa en el área de la actual prefectura de Nara en la isla de Honshu. Yoshino fue una de las provincias de Japón que se estableció como una división especial de corta duración en la zona de Kinai.

Arashiyama[78] debe haberse dado cuenta de esto. Por un momento flotan como nubes enjoyadas y danzan sobre los arroyos de cristal; luego, mientras navegan por las aguas risueñas, parecen decir: «¡Adiós, primavera! Estamos en la eternidad».

78 El distrito de Arashiyama se encuentra en la base de las llamadas «Montañas de la Tormenta», en el noroeste de Kioto. Su calle principal y el Puente Togetsu-kyo han sido bautizados como el «circo turístico» pero, más allá de esta zona, Arashiyama ofrece una experiencia japonesa auténtica e inolvidable. Es especialmente turístico por los frondosos bosques, principalmente por los cerezos en flor.

Ceremonia del té japonés, Mizuno Toshikata (1897)

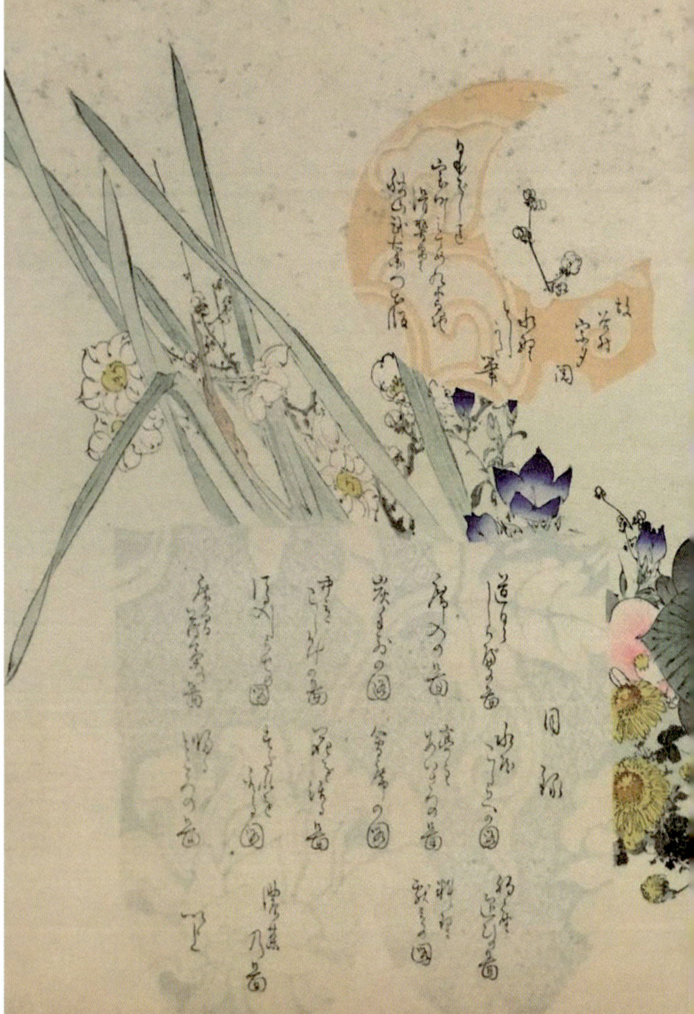

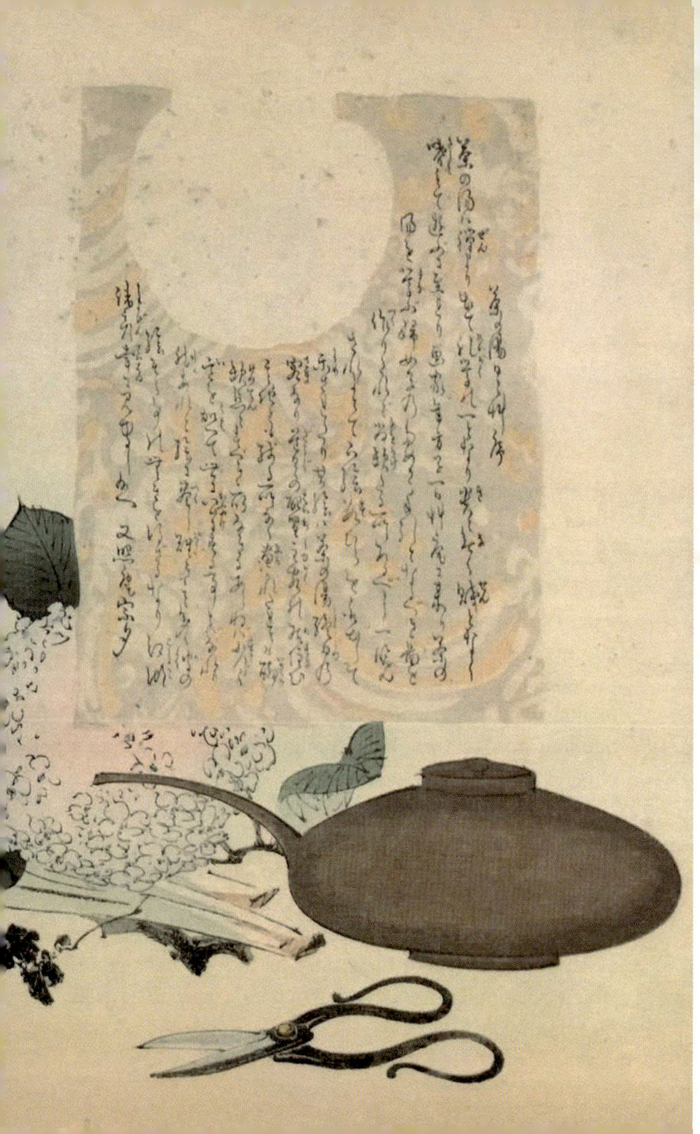

[illegible]

茶の湯に禅あり [illegible]

[illegible]

Maestros del té

En religión el futuro está tras nosotros. En el arte el presente es eterno. Los maestros del té sostuvieron que la apreciación real del arte solo es posible para aquellos que hacen de ello una influencia de vida. Por lo tanto, buscaron regular su vida diaria con el alto nivel de refinamiento que obtenían en el salón de té. En todas las circunstancias se debe mantener la serenidad mental y la conversación debe llevarse a cabo de manera que nunca se estropee la armonía del entorno. El corte y el color del vestido, el equilibrio del cuerpo y la forma de caminar pueden ser expresiones de personalidad artística. Estos eran asuntos que no debían ignorarse a la ligera, porque hasta que uno se ha hecho hermoso, no tiene derecho a acercarse a la belleza. Así, el maestro del té se esforzó por ser algo más que el artista: el arte mismo. Fue el zen del esteticismo. La perfección está en todas partes si solo elegimos reconocerla. A Rikiu le encantaba citar un viejo poema que dice: «A aquellos que solo anhelan flores, quisiera mostrarles la primavera en toda regla que habita en los laboriosos brotes de las colinas cubiertas de nieve».

De hecho, han sido múltiples las contribuciones de los maestros del té al arte. Revolucionaron por completo la arquitectura clásica y la decoración de interiores, y establecieron el nuevo estilo que hemos descrito en el capítulo del salón de té, un estilo a cuya influencia incluso los palacios y monasterios construidos después del siglo XVI han estado sujetos. El polifacético Kobori-Enshiu ha dejado notables ejemplos de su ingenio en la villa imperial de Katsura, los castillos de Nagoya y Nijo y el monasterio de Kohoan. Todos los famosos jardines de Japón fueron diseñados por los maestros del té. Nuestra alfarería probablemente nunca habría alcanzado su alta calidad de excelencia si los maestros del té no la hubieran prestado a su inspiración, la fabricación de los utensilios utilizados en la ceremonia del té exigía el mayor gasto de ingenio por parte de nuestros ceramistas. Los «Siete Hornos[79]» de Enshiu son bien conocidos por todos los estudiantes de cerámica japonesa. Muchos de nuestros tejidos llevan los nombres de maestros del té que concibieron su color o diseño. De hecho, es imposible encontrar un departamento de arte en el que los maestros del té no hayan dejado huellas de su genialidad. En pintura y laca parece casi superfluo mencionar los inmensos servicios que han prestado. Una de las mejores escuelas

79 Se refiere a siete talleres y ceramistas específicos.

de pintura debe su origen al maestro del té Honnami-Koyetsu, famoso también como pintor de lacas y alfarero. Junto a sus obras, la espléndida creación de su nieto, Koho, y de sus sobrinos nietos, Korin y Kenzan, casi se desvanece. Toda la escuela de Korin, como se la designa generalmente, es una expresión del teaísmo. En las líneas generales de esta escuela parece que encontramos la vitalidad de la naturaleza misma.

Por grande que haya sido la influencia de los maestros del té en el campo del arte, no es nada comparada con la que han ejercido sobre la conducta de la vida. No solo en los usos de la sociedad educada, sino también en la disposición de todos nuestros detalles domésticos, sentimos la presencia de los maestros del té. Muchos de nuestros delicados platos, así como nuestra forma de servir la comida, son inventos suyos. Nos han enseñado a vestirnos únicamente con prendas de colores sobrios. Nos han instruido sobre el espíritu adecuado para acercarnos a las flores. Han puesto énfasis en nuestro amor natural por la sencillez y nos han mostrado la belleza de la humildad. De hecho, a través de sus enseñanzas, el té ha entrado en la vida de la gente.

Aquellos de nosotros que no conocemos el secreto de regular adecuadamente nuestra propia existencia en este mar tumultuoso de estúpidos problemas que llamamos vida, estamos constantemente en un estado de miseria mientras intentamos en vano parecer felices y contentos. Nos tambaleamos en el intento de mantener nuestro equilibrio moral, y vemos precursores de la tempestad en cada nube que flota en el horizonte. Sin embargo, hay gozo y belleza en el movimiento de las olas que se extienden hacia la eternidad. ¿Por qué no entrar en su espíritu o, como Liehtse, cabalgar sobre el huracán mismo?

Solo quien ha convivido con lo bello puede morir bellamente. Los últimos momentos de los grandes maestros del té estuvieron tan llenos de exquisito refinamiento como lo habían sido sus vidas. Buscando siempre estar en armonía con el gran ritmo del universo, siempre estuvieron preparados para adentrarse en lo desconocido. El «Último té de Rikiu» se recordará para siempre como la cúspide de la trágica grandeza.

Por mucho tiempo había durado la amistad entre Rikiu y los Taiko-Hideyoshi, y era alta la estima que el gran guerrero tenía al maestro del té. Pero la amistad de un déspota es siempre un honor peligroso. Era una época plagada de traiciones, y los hombres no confiaban ni siquiera en sus parientes más cercanos. Rikiu no era un cortesano servil, y a menudo se había atrevido a discutir con su feroz patrón. Aprovechando la frialdad que había existido durante algún tiempo entre los Taiko y Rikiu, los enemigos de este último lo acusaron de estar implicado en una conspiración para envenenar al déspota. Se le susurró a Hideyoshi que la poción fatal se le administraría con una taza de la verde bebida preparada por el mismo maestro del té. Con la sospecha de Hideyoshi, esto fue motivo suficiente para la ejecución instantánea, y no hubo apelación de la voluntad del gobernante enojado. A los condenados se les concedió un privilegio: el honor de morir por su propia mano.

El día destinado a su autoinmolación, Rikiu invitó a sus principales discípulos a una última ceremonia del té. Con pesar, a la hora señalada, los invitados se reunieron en el pórtico. Al mirar hacia el sendero del jardín, los árboles parecían estremecerse, y en el susurro de sus hojas se escuchaban los murmullos de fantasmas sin hogar. Como solemnes centinelas ante las puertas del Hades se alzaban las linternas de piedra gris. Una ola de extraño incienso salía del salón de té; es este llamamiento lo que invita a los invitados a entrar. Uno a uno avanzan y toman sus lugares. En el *tokonoma* cuelga un *kakemono*, una escritura maravillosa de un antiguo monje que trata sobre la evanescencia de todas las cosas terrenales. La tetera que canta, mientras hierve sobre el brasero, suena como una cigarra vertiendo sus aflicciones al verano que se va. Pronto el anfitrión entra en la habitación. A cada uno se le sirve té por turnos, y cada uno por turno vacía silenciosamente su taza, por último el anfitrión. De acuerdo con la etiqueta establecida, el invitado principal ahora pide permiso para examinar las herramientas del té. Rikiu coloca los diversos artículos ante ellos, con el *kakemono*. Después de que todos hayan expresado su admiración por su belleza, Rikiu regala uno de los objetos a cada uno de los reunidos como recuerdo. Únicamente se queda el cuenco. «Nunca más esta copa, contaminada por los labios del infortunio, será usada por el hombre». Y mientras lo decía, rompió el recipiente en pedazos.

La ceremonia ha terminado; los invitados, con dificultad para contener las lágrimas, se despiden por última vez y abandonan la habitación. A uno solo, el más cercano y querido, se le pide que se quede y sea testigo del final. Entonces Rikiu se quita la bata de té y la dobla con cuidado sobre la estera, dejando al descubierto la túnica blanca inmaculada de muerte que hasta entonces había ocultado. Con ternura contempla la hoja resplandeciente de la daga fatal, y con exquisitos versos la dirige así:

«¡Sé bienvenida,
Oh, Espada de la eternidad!
A través de Buda
Y a través de Dharma, por igual,
Has abierto tu camino».

Con una sonrisa en su rostro, Rikiu avanzó hacia lo desconocido.

Maestros del té, Kanō Osanobu (1846)

El sutra del té

o

El clásico del té

Ceremonia del té, Mizuno Toshikata (1897)

El origen del té

El té es un árbol magnífico que crece en el sur. Los árboles de té miden desde uno o dos pies hasta decenas de pies de altura. En Bashan (巴山)$_1$[80] y las gargantas del río de Sichuan hay árboles de té que crecen a tal tamaño que se necesitarían dos personas de la mano para abrazar su circunferencia. Debido a que estos árboles son muy altos, es necesario cortar las ramas para cosechar las hojas$_2$.

La forma de los árboles de té se parece a la de otras camelias. Las hojas se parecen a las de una gardenia y las numerosas florecitas blancas son hermosas rosetas. Las semillas de té son como las de las palmas, con tallos

80 Todas las palabras marcadas con un subíndice aparecen al final del libro en el apartado Glosario. (N. del E.)

como el trébol, mientras que el sistema de raíces es similar al de los nogales.

Hay tres formas diferentes de interpretar el carácter té, *cha* (茶) en chino. Podría clasificarse bajo el radical hierba (艹), el radical árbol (木) o los radicales hierba y árbol[3]. Hay otros cuatro caracteres que también han denotado té a lo largo de la historia además de *cha* (茶). Son *jia* (檟)[4], *she* (蔎)[5], *ming* (茗)[6] y *chuan* (荈)[7].

El té crece mejor en suelos rocosos y erosionados, mientras que el suelo suelto y con grava es el segundo mejor y la tierra amarilla es el menos ideal, con poco rendimiento.

Si uno no está familiarizado con las habilidades hortícolas necesarias para cuidar los árboles de té y los árboles no prosperan, entonces debe cultivarlos como melones[8]. Tres años después, se pueden recolectar las hojas. Las hojas de té silvestre son superiores a las cultivadas en plantaciones[9]. Para los árboles de té que crecen en una ladera boscosa iluminada por el sol, las hojas de color burdeos recién brotadas son mejores que las verdes. Las hojas rizadas se consideran de mayor calidad que las abiertas y planas. Las hojas recolectadas de árboles que crecen en las laderas o valles umbríos de la ladera de una montaña no son aptas para beber, porque pueden causar estancamiento interno o indigestión.

Según la medicina china, la propiedad del té es muy fría. Es una gran bebida para aquellos practicantes del Tao en su cultivo espiritual. Alivia las molestias cuando se siente sed y calor, congestión en el pecho, dolores de cabeza, ojos secos, debilidad en las extremidades y dolor en las articulaciones. También alivia el estreñimiento y otros problemas digestivos[10]. Tan solo cuatro o cinco sorbos de té funcionan tan bien como la ambrosía, el elixir de la vida. Su licor es como el rocío más dulce del cielo. Sin embargo, beber té elaborado con hojas que se recogieron en el momento inadecuado, que no estaban en armonía con la naturaleza, hojas que no se procesaron bien o té adulterado con otras plantas o hierbas puede eventualmente provocar enfermedades[11].

Similar al ginseng, la potencia del té cultivado en diferentes regiones es distinto. El mejor ginseng se cultiva en Shangdang[12], el de segundo grado se cultiva en Baekje y Silla[13], mientras que el grado más bajo se cultiva en Goguryeo[14]. El ginseng cultivado en las áreas de Zezhou[15], Yizhou[16], Youzhou[17] y Tanzhou[18] de China no tiene ninguna potencia medicinal, por no mencionar otros ginseng. Si uno, lamentablemente, toma campanilla[19], que tiene un gran parecido con el ginseng, ¡incluso podría causar una enfermedad incurable! Al comprender cómo los diferentes tipos de ginseng tienen diferentes efectos, puede apreciar cuán diversos son los efectos de los distintos tipos de té[20].

La famosa casa de té «Mariko», Utagawa Hiroshige (1834)

Las herramientas de procesado del té

Camelia y utensilios de la ceremonia del té,
Kubo Shunman (1757-1820)

Las herramientas para procesar el té son:

Cestas

Hay muchos nombres para las cestas que se usan en la recolección del té. *Ying* (籯), *lan* (籃), *long* (籠) y *lu* (筥) se refieren a las cestas hechas de tiras de bambú de tejido suelto con capacidades de uno a cinco *dou* (斗)[21]. Los recolectores de té llevan estas cestas de bambú a la espalda. Tienen espacios relativamente grandes en el tejido para mantener las hojas bien ventiladas mientras se recogen.

Estufa y wok

Una estufa, llamada zao (竈), quema leños sin ningún tipo de chimenea[22]. Un gran *wok*[81] de hierro o arcilla gruesa llamado *fu* (釜) se usa para cocinar el té al vapor. Siempre se utiliza uno con un borde ancho.

Buque de vapor

El vaporizador de madera o arcilla se llama *zeng* (甑). No se reduce como la mayoría de los antiguos

81 Sartén ligera, redonda, profunda y con asas originaria de China. El tamaño medio suele ser de 30 cm o más de diámetro. Suele estar hecha de acero, hierro fundido e incluso se encuentran ejemplares de aluminio.

vapores chinos utilizados para cocinar. Tiene un cajón o puerta para facilitar el acceso a la canasta de bambú sin tiradores, que está atada al vaporizador con tiras de bambú. Después de poner un poco de agua en el *wok*, la canasta de bambú llena de hojas de té se coloca en el *zeng* para comenzar a hervir las hojas. Cuando se realiza este paso, la canasta se saca del *zeng*. Si el agua del *wok* se evapora, se puede verter agua añadida directamente a través del vaporizador. Se usa una rama de tres puntas para extender las hojas cocidas al vapor para que los jugos del té no se evaporen.

Mortero y maja

El mortero y la maja (*chujiu*, 杵臼) también se llaman *dui* (碓) como conjunto. Es mejor designar un conjunto que muela exclusivamente hojas de té al vapor. Dado que las majas están hechas de madera y los morteros están hechos de piedra, y las hojas de té son propensas a absorber sabores y olores, es mejor que este conjunto solo entre en contacto con hojas de té y nada más.

Molde

Un molde (*gui*, 規), también conocido como *mo* (模) o *quan* (棬), se usa para presionar las hojas de té al vapor en pasteles. Los moldes están hechos de hierro y pueden tener forma de cuadrados, círculos u otros patrones decorativos.

Mesa

Hay una mesa (*cheng*, 承), también llamada *tai* (台) o *zhan* (砧) en la que las hojas de té al vapor se presionan en moldes para hacer tortas de té. Las mesas suelen estar hechas de piedra para brindar resistencia y estabilidad frente a la fuerza de presión. Sin embargo, también se pueden hacer con pagodas o moreras. En ese caso, las patas de la mesa deben estar medio enterradas en el suelo para el anclaje.

Mantel para la mesa

Sobre la mesa se coloca un trozo de seda aceitosa o una gabardina raída y gastada llamada *yan* (檐) u otra tela (*yi*, 衣). Los moldes se colocan encima de este trozo de tela para que después de hacer las tortas de té, se recojan fácilmente. Una vez que el té se haya endurecido, los pasteles se pueden mover fácilmente levantando la cubierta de la mesa.

Tamiz

También hay un colador o tamiz llamado *bili* (芘 莉) o *yingzi* (籝 子). Las tiras de bambú se tejen alrededor de dos varas de bambú de tres pies de largo, dejando mangos de tres pulgadas en ambos extremos de las varas, para formar un gran tamiz. Tiene agujeros cuadrados y es similar a los que usan los agricultores para tamizar la tierra en el campo. Se vierten hojas de té en estos tamices para que cada hoja quede completamente separada de las demás.

Punzón

Se emplea un pequeño punzón con un mango de madera, llamado *qi* (棨) o *zhuidao* (錐刀) para hacer un agujero a través de cada pastel de té para que puedan ensartarse.

Hilo de bambú

Un hilo de bambú llamado *pu* (撲) o *bian* (鞭) pasa por los orificios de los pasteles de té para unirlos y facilitar su transporte.

Pozo de secado

Se cava un pozo de fuego llamado *pei* (焙) para secar el té. Tiene dos pies de profundidad, dos pies y medio de ancho y diez pies de largo con paredes de arcilla de dos pies de alto sobre el suelo.

Brocheta de bambú

Una brocheta de bambú de dos pies y medio de largo llamada *guan* (貫) se usa para ensartar pasteles de té listos para ser horneados y secos.

Tendedero

Un estante de madera de dos niveles y un pie de alto llamado *peng* (棚) o *zhan* (棧) se coloca en la parte superior de las paredes sobre el pozo de fuego. Las brochetas con tortas de té se colocan luego en estas rejillas. Los pasteles a medio secar se colocarán en el estante inferior, mientras que los pasteles casi terminados se moverán al estante superior.

Un lazo de tortas

La medida utilizada para pasteles a granel se llama *chuan* (穿). La gente al sureste del río Yangtze y al sur del río Huai ensarta tortas junto con tiras de bambú, mientras que aguas arriba del río Yangtze y en el área de Yunnan, las tortas se ensartan con corteza de morera. En las áreas del bajo Yangtze y el río Huai, un *shangchuan* (上 穿) es aproximadamente una libra o 500 g, un *zhongchuan* (中 穿) es aproximadamente media libra o 250 g y un *xiaochuan* (小 穿) es aproximadamente 1/3 de una libra o 120-150 g. Mientras que en las áreas superiores del río Yangtze o Yunnan (雲南), un *shangchuan* pesa aproximadamente 120 libras o 60 kg, un *zhongchuan* pesa aproximadamente 80 libras o 40 kg y un *xiaochuan* pesa aproximadamente 50 libras o 25 kg. En los viejos tiempos, se empleaban dos caracteres alternativos, *chuan* (釧) y *chuan* (串). Ambos caracteres tienen la misma pronunciación que el carácter actual y, sin embargo, se pronuncian en el cuarto tono[23]. Al igual que los siguientes cinco caracteres, *mo* (磨), *shan* (扇), *tan* (彈), *zhan* (鉆) y *feng* (縫), están escritos en caracteres con el primer tono y, sin embargo, se pronuncian en el cuarto tono como verbos. De la misma manera, aquí se registra como 穿.

Contenedor de almacenamiento

Un recipiente de almacenamiento de madera cubierto, llamado *yu* (育), se usa para conservar los pasteles de té. Tiene paredes de bambú cubiertas con un acabado de papel. Hay particiones y estantes en cada cámara. Abajo, hay una puerta. Detrás de la puerta hay un ventilador[24] y una estufa a fuego lento[25] constante. Esto mantiene la frescura de los pasteles. Sin embargo, para las personas que viven en el sur, durante la temporada de lluvias, se necesitará un fuego para mantener seco el té.

Utensilios de té, Seiho Takeuchi (1864-1942)

La producción del té

En general, las hojas de té se recogen del segundo al cuarto mes lunar, cuando los brotes jóvenes han crecido entre cuatro y cinco pulgadas en los árboles más verdes, creciendo en suelos rocosos y fértiles. De manera similar a los helechos y hierbas silvestres comestibles, el mejor momento para recolectar es temprano en la mañana antes de que el rocío se haya evaporado. Cuando los brotes estén gruesos y florecientes, extraiga el té de tres a cinco hojas, recogiendo solo las mejores y más brillantes. El clima es crucial para la cosecha. No se pueden recolectar en un día nublado o lluvioso. Las hojas de té recolectadas en un día despejado se cocinarán al vapor, se triturarán, se prensarán en pasteles, se asarán en seco, se ensartarán y sellarán antes del final del día.

Hay una miríada de formas de hojas de té: algunas parecen las arrugas de las botas de cuero de un bárbaro, mientras que otras son como los pliegues más grandes del

Belleza preparando la ceremonia del té,
Gekko Ogata (1859-1920)

cuello de una vaca. Algunos giran hacia arriba como los aleros de una casa o un granero. El té puede verse como nubes con brisa que brotan de detrás de la cima de una montaña, o tener patrones ondulados como la superficie de un lago azotado por el viento. En cuanto a la consistencia de las tortas, algunas parecen arcilla, blanda y maleable, lista para ser convertida en utensilios de cerámica; mientras que otras tienen la consistencia de un campo justo después de arar o de la tierra después de una tormenta. Todos estos son signos de un té fino, joven y tierno. Por otro lado, cuando las hojas de té han crecido demasiado, las fibras resistentes no se comprimen fácilmente, incluso después de la cocción al vapor. Como resultado, en los pasteles se pueden ver hebras ásperas como las de las cáscaras de bambú viejas. En otras ocasiones, si se utilizan hojas marchitas o congeladas, las fibras dañadas y moribundas también son visibles en las tortas. Estas dos situaciones son indicaciones de té de menor calidad.

Todo el proceso de producción del té se puede dividir en siete pasos, desde recoger las hojas hasta sellarlas[26]. Hay ocho grados de té, desde las pequeñas y arrugadas botas de cuero hasta los húmedos pétalos de loto de un lago azotado por el viento. Aquellas personas que piensan que los tés de color negro brillante y de aspecto suave son los mejores no tienen la capacidad de distinguir el té fino. Aquellos que piensan que un buen té debe verse amarillento con arrugas o pliegues desiguales tienen mejor gusto en el té. Sin embargo, aquellos que pueden describir en detalle todos los elementos del té fino son los verdaderos conocedores.

Para cada cualidad, buena o mala, hay una razón. Si la humedad en las hojas es menor, los pasteles de té se verán brillantes. Sin embargo, cuando las hojas están tiernas y jugosas, las superficies de las tortas prensadas se enrollan en crestas onduladas[27]. Si las hojas de té se han dejado durante la noche antes de procesarlas, las tortas se verán oscuras cuando estén terminadas. Por otro lado, las tortas que se hagan el mismo día de la recolección de las hojas serán de color verde amarillento. Si los pasteles se han procesado de noche, serán más oscuros, pero si se hacen durante el día, serán más brillantes y amarillos. Si las hojas trituradas se presionaron firmemente en el molde, los pasteles se verán más finos. Si las hojas trituradas se comprimieron en el molde con menos presión, habrá patrones desiguales en los pasteles. Al final, el licor no mentirá. Es decir, saborear para creer[28].

Los utensilios de la preparación del té

Los utensilios para la preparación del té son:

El brasero

El brasero u horno (*fenglu*, 風 爐) es una estufa de tres patas de bronce o hierro, con la forma de los antiguos calderos de ofrendas en los templos (*ding*, 鼎)[29]. Debe tener un cuarto de pulgada de grosor cerca del borde y más delgado en el cuerpo. El espacio hueco se llena de cenizas para mantener un calor constante[30].

Las inscripciones en las tres patas de mi brasero son las siguientes: Una pata tiene los tres trigramas: *kan* (坎), *xun* (巽) y *li* (離) de arriba abajo[31]; la segunda pata dice «un cuerpo armonizado en los cinco elementos eludirá las cien enfermedades»; y el tercero dice «hecho en el año después de que la sagrada dinastía Tang expulsó a los bárbaros de China»[32]. Entre las patas hay pequeñas aberturas con dos caracteres inscritos encima de cada una. Estas son ventanas de tiro para aumentar el flujo de aire. Estos seis caracteres dicen «Guiso del ministro Yi y té de Lu (*Yigong geng Lushi cha* 伊 公 羹 陸氏 茶)[33]».

En el cuerpo del brasero, hay patrones decorativos como el loto doble, enredaderas colgantes, arroyos serpenteantes y rombos enlazados en patrones geométricos ornamentados. En la parte inferior del horno, hay otra abertura para limpiar el interior. Debajo, hay una bandeja de hierro (*huicheng*, 灰 承) con tres patas pequeñas para recoger las cenizas de la abertura inferior.

Aunque la mayoría de los braseros están hechos de hierro, también pueden estar hechos de arcilla[34].

Cesta de carbón

Un recipiente hexagonal para carbón, con una tapa llamada *ju* (筥) tiene catorce pulgadas de alto y siete pulgadas de diámetro. Está hecho de bambú o de ratán. Algunas personas hacen un molde interior de madera hexagonal primero antes de hacer esta canasta[35].

Triturador y fogonero de carbón

Otro utensilio hexagonal es el triturador de carbón y el fogonero, *tanzhua* (炭 撾). Tiene un pie de largo con un extremo puntiagudo, ahusado en el otro extremo para que sea fácil de agarrar. El extremo cónico está decorado con unas cadenas de metal. Es similar al arma utilizada por los soldados en la provincia de Shanxi (陝西)[36]. También se puede utilizar un martillo o un hacha para romper el carbón a su conveniencia.

Tenazas

Las tenazas (*huojia*, 火 筴) para recoger carbón también se llaman «palillos» porque son un par de palos de hierro o cobre. Tienen un metro y cuarto de largo sin ningún adorno en los extremos[37].

Caldero

Un *fu* (鍑) es una tetera de hierro fundido con asas cuadradas, que es una mezcla, estéticamente agradable, redonda y cuadrada[38]. Los mejores calderos están hechos de arrabio (鑄鐵)[39], aunque los herreros hoy en día a menudo también usan hierro mezclado. Frecuentemente hacen teteras con herramientas agrícolas rotas. El interior está moldeado con tierra y el exterior con arena. Como resultado, el interior es liso y más fácil de limpiar, mientras que el exterior es áspero y se calienta más rápido. Tiene un labio ancho por lo que es más duradero. Dado que es más ancho que alto, el calor se concentra más en el centro. Como resultado, el té en polvo puede circular más libremente en el agua hirviendo y el té es mucho mejor.

En Hungzhou[40] la gente usa calderos de cerámica, mientras que en Laizhou[41] están hechos de piedra. La cerámica y la piedra son materiales agradables, pero no durarán tanto. La plata es extravagante, pero cuando se trata de belleza y pureza del agua, nada puede compararse con ella. Para obtener el mejor té y la tetera más duradera, siempre se recurre a la plata.

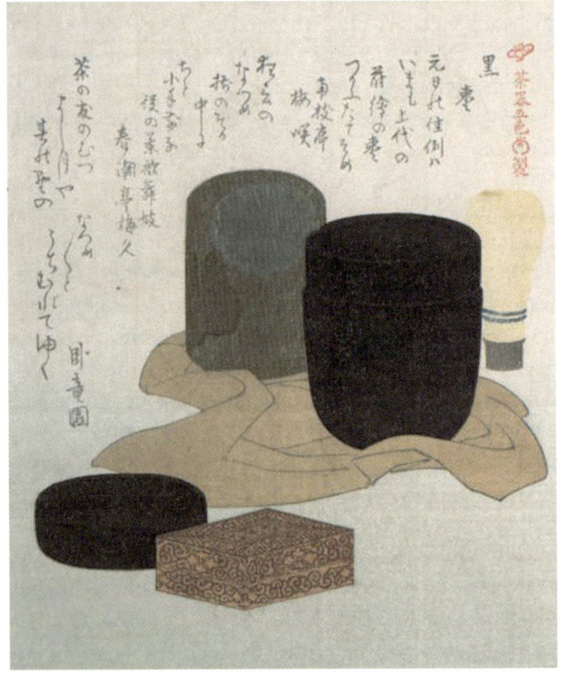

Negro, Kubo Shunman (1757-1820)

Soporte plegable

Después de hervir el agua, el caldero se coloca en un pequeño soporte plegable, que se llama *jiaochuang* (交 床). Tiene un agujero redondo en el centro para el hervidor.

Pinzas de bambú

Las pinzas de bambú verde se utilizan para asar pasteles de té sobre el fuego. Se llaman *jia* (夾). Los *jia* están hechos de un tallo de bambú de catorce pulgadas de largo. Elija el bambú con cuidado; solo se deben usar piezas con una junta de segmento a una pulgada del extremo más grande. El bambú se divide desde el extremo más delgado hasta la articulación. La fragancia del bambú se filtrará mientras tuesta el té sobre el fuego, aromatizando suavemente el té. Sin embargo, estas tenazas no son fáciles de adquirir si uno no vive cerca de un bosque con arboledas de bambú. Como alternativa, se emplean varillas de hierro forjado o cobre por su durabilidad.

Sobre

Los pasteles de té tostados se colocan en un sobre especial llamado *zhinang* (纸 囊) para preservar su fragancia. Este sobre está hecho de papel blanco grueso de doble capa hecho de ratán de la zona de Shanxi (剡 溪)[42].

Molinillo

Se usa un molinillo llamado *nian* (碾) para moler el té tostado en polvo. El mejor material para la parte inferior del molinillo es madera de mandarina o madera de pera, morera, paulonia[82] o cudrania tricúspide. La parte inferior es un rectángulo en el exterior en aras de la estabilidad, y el interior tiene una forma ovalada cóncava para facilitar el movimiento deslizante del rectificado. Dentro del centro se encuentra un rodillo de madera con un diámetro de tres y tres cuartos de pulgadas. El rodillo tiene un grosor de una pulgada en el centro donde hay un agujero cuadrado, y solo media pulgada de grosor en el borde. El eje que pasa por el orificio del rodillo mide nueve pulgadas de largo y una y siete décimas de pulgada de grosor. Los extremos del eje tienden a volverse más redondos después de un largo período de uso, mientras que la parte central permanece cuadrada. El polvo de té residual se recoge con un cepillo de plumas llamado *fumo* (拂 末).

Tamiz y carrito de té en polvo

El té en polvo recién molido se coloca en un recipiente con tapa con un colador llamado *luohe* (羅 合). El colador es un trozo de seda o muselina que se extiende

82 Paulonia tomentosa, la paulonia imperial, paulonia imperial o kiri (originario de China), es un árbol frondoso de la familia *Paulowniaceae*.

sobre el fondo de un compartimento del recipiente. El poder del té tamizado se almacenará en el compartimento de una pulgada de alto, mientras que la cuchara medidora, *ze* (則)[43], se almacenará en el recipiente principal, que tiene cuatro pulgadas de diámetro y dos pulgadas de alto. Este carrito generalmente está hecho de bambú, con los segmentos como parte inferior y superior naturales. También puede ser de cedro pintado o lacado[44].

Cuchara medidora

La cuchara medidora, *ze* (則), puede estar hecha de concha, bronce, hierro o bambú. El carácter *ze* en sí mismo significa «medir» o el «estándar». En general, por 200 ml de agua, una cucharada de medicina[45] de té en polvo está bien. Sin embargo, para aquellos que disfrutan de un té más débil o más fuerte, la cantidad se puede ajustar en consecuencia.

Urna de agua

El recipiente de agua cúbico tiene un volumen de dos litros. Se llama *shuifang* (水方). Puede estar hecho de muchos tipos diferentes de madera, como árboles de pagoda o catalpa. Luego se laca para que no gotee.

Filtro de agua

El agua extraída de la naturaleza debe purificarse con este filtro (*lushuinang*, 漉 水囊). Si el filtro se usa con frecuencia, entonces es mejor que el borde esté hecho de cobre sin tratar, porque la pátina tiende a pasar al cobre o al hierro forjado, y eso tiende a hacer que el agua tenga un sabor extraño. Los ermitaños en el bosque a menudo usan filtros de madera o bambú. Sin embargo, la madera y el bambú no son duraderos. Como resultado, el cobre es la mejor opción para hacer el borde del filtro. En cuanto al filtro en sí, está hecho de tiras de bambú tejidas y cubierto con seda de doble hilo de color verde jade. Se cosen piedras decorativas y cristales a ambos extremos de una cuerda en la que se puede colgar la bolsa para que se seque[46]. Además, una bolsa de hule verde está diseñada para almacenar el filtro. El tamaño de la bolsa es de cinco pulgadas de diámetro con un asa de una pulgada y media de largo.

Cucharón

El cucharón, *piao* (瓢), puede ser la mitad de una calabaza seca que se parte verticalmente, o un trozo de madera tallado en forma de cuchara con una boca ancha y abierta y un mango corto. Las famosas «Odas a las Viejas Hojas de Té» (荈 賦) escritas por Du Yu[47] mencionaban «decantar el té de una calabaza de botella. Tiene el cuello delgado y el cuerpo ancho», lo que se refería, por supuesto, al cucharón. Durante el reinado de Yongjia[48], Yu Hung (虞 洪) de Yuyao[49] registró que un día fue a las Montañas de las Cascadas a recoger hojas tiernas de té. Se encontró con un taoísta que le dijo: «Estimado señor, mi nombre es Vermillion Hill. ¿Sería tan amable de servirme el té sobrante en su cucharón y cuenco?». Hoy en día, los cucharones de madera se hacen a menudo con perales.

Palo de agitación

Una vara delgada de un pie de largo hecha de bambú, nogal, sauce, palmito chino o el centro de un árbol de caqui se denomina «vara de bambú (*zhuce*, 竹 筴)»[50]. Se usa para remover el té mientras se hierve en el caldero (*fu*). Por lo tanto, ambos extremos de la barra están protegidos con un baño de plata para evitar la contaminación del sabor.

Plato de sal

Este recipiente redondo de cerámica se llama *cuogui* (鹾 簋). Su diámetro es de cuatro pulgadas. Puede tener forma de caja, botella, frasco o jarrón, con o sin tapa. Contiene la sal, que hará que el té tenga un sabor más favorable. La cuchara fina que se utiliza exclusivamente para la sal está hecha de bambú. Tiene cuatro pulgadas y una décima de largo y nueve décimas de pulgada de ancho.

Cuenco de agua caliente

El recipiente para el agua hervida se llama *shouyu* (熟 盂). Está hecho de arcilla y tiene un volumen de aproximadamente medio litro[51].

Cuenco de té

Hay muchos tipos diferentes de tazones de té (*wan*, 碗), cada uno con una procedencia y un estilo de fabricación distintos, que representan los muchos hornos diferentes[52]. En el orden de superioridad, son Yuezhou[53], Dingzhou[54], Wuzhou[55], Yuezhou[56], Shouzho[57] y Hungzhou[58]. Algunos piensan que los productos Xingzhou[59] son mejores que los productos Yuezhou (越州), pero no estoy de acuerdo. En primer lugar, si la vajilla Xing es como la plata, la vajilla Yue es como el jade. Si la vajilla Xing es como la nieve, entonces la vajilla Yue es hielo. Los tazones blancos de Xing le dan al té un tono cinabrio, mientras que los tazones de celadón Yue resaltan el verde natural del té. «Odas a las Viejas Hojas de Té», escrito por Du Yu, dice que «Si buscas cerámica, lo mejor es del este Ou»[60]. Ou es otro nombre para Yue. Los artículos Ou tienden a parecerse a los artículos Yue (越), excepto que los bordes no se curvan hacia afuera y los fondos tienden a ser menos profundos y curvados hacia adentro. Además, la capacidad es menor, generalmente 100 ml. Tanto las mercancías de Yue (越 como 岳)[61] son celadón, que es bueno para el té porque resaltará el verdadero color de un té, rojo blanquecino para un té rojo claro, por ejemplo. Un té rojo de este tipo se vería oxidado en una vajilla Xing blanca, y la vajilla amarillenta de Shou arrojaría un tono púrpura sobre el té[62]. La vajilla de color marrón Hung hace que el té parezca negro. Estos tres últimos tazones no son tan buenos para el té.

Cesta para llevar tazones de té

Un *ben* (畚) hecho de hojas de palma blancas tejidas puede contener hasta diez tazones. Algunos también usan un recipiente de bambú cubierto con papel para llevar sus cuencos. A menudo, estos son cuadrados y se necesitan diez capas de papel para terminarlos.

Cepillo

Un cepillo hecho de un manojo de corteza de palma con ramas de cornejo en el interior se llama *zha* (紮). Alternativamente, también funcionan los tallos de bambú atados entre sí. Parece un enorme pincel de caligrafía china[63].

Contenedor de aguas residuales

Un pequeño recipiente de agua cuadrado llamado *defang* (滌 方) está hecho de madera *qiu* (楸)[64]. Tiene capacidad para un litro y medio de aguas residuales. Un cubo de basura cuadrado aún más pequeño se llama *zifang* (滓 方). Tiene capacidad para un litro.

Paños de cocina

Para limpiar y lavar los utensilios de la mesa, se utilizan dos toallas pequeñas de seda tupida y resistente llamadas *jin* (巾)[65]. La longitud de las toallas es de unas veinticuatro pulgadas.

Utensilios para la ceremonia del té, Kubo Shunman (1757-1820)

春の立けるひ
茶の席上にて

大ふくに
たつる
茶の湯の
口きりや
しめの内

かおよ

俊満

Estante para utensilios

Todos los utensilios más pequeños se pueden colocar en un estante llamado *julie* (具 列). Puede estar hecho de madera, bambú o una combinación de ambos. El nombre *julie* significa literalmente «mostrarlos todos» en chino, aunque algunas personas simplemente lo llaman «cama» o «perchero». Por lo general, es de color marrón oscuro, y mide tres pies de largo, dos pies de profundidad y seis pulgadas de alto.

Cesta de té

Una canasta de bambú rectangular llamada *dulan* (都 藍) funciona como almacenamiento para todos los utensilios más grandes. Dentro de la canasta, se tejen tiras de bambú para formar cubículos cuadrados. En el exterior, tiras de bambú ligeramente más anchas se doblan sobre una tira de bambú más delgada, entrelazándose hacia adentro y hacia afuera para crear hermosos patrones cuadrados. La canasta de té debe tener un pie y medio de alto, un pie en la parte inferior y alrededor de dos pulgadas de grosor. Debe medir dos pies y medio de largo, con una abertura de dos pies en la parte superior.

Preparación del té

No tuestes pasteles de té cuando el fuego casi se haya apagado, porque la llama moribunda no es constante y las hojas de té no se tuestan uniformemente. Debes sostener los pasteles de té muy cerca de la llama y darles la vuelta con frecuencia. Una vez que se tuestan los pasteles, aparecen protuberancias como las de un sapo. Luego, los pasteles deben mantenerse a unas cinco pulgadas de la llama para continuar asándose. Espere hasta que las hojas rizadas comiencen a aplanarse, luego tueste el té por última vez. Si el té se secó al fuego en primer lugar, entonces los pasteles deben tostarse hasta que estén al vapor. Si las hojas se secaron al sol, ase las tortas hasta que estén blandas.

Las hojas se deben triturar inmediatamente después de asarlas hasta que se humedezcan o estén blandas. Si las hojas están tiernas, se trituran fácilmente, aunque el tallo puede ser duro. Sin un tostado adecuado, ni siquiera la fuerza brutal de un martillo de media tonelada podría aplastar los tallos. No se diferencian de las gotas diminutas y resbaladizas de los árboles de laca que ni siquiera el hombre más fuerte puede romper. Sin embargo, después de asarse correctamente, son tan suaves como los brazos de un bebé y se aplastan fácilmente. Mientras las hojas trituradas aún estén calientes, deben guardarse en los sobres de papel para té para sellar el aroma. Solo después de que se hayan enfriado deben triturarse en polvo.

El fuego para el té debe alimentarse con carbón vegetal, pero sin eso, la madera dura es la segunda mejor opción. Los carbones que se han utilizado para asar carne o cocinar alimentos infundirán los olores de la cocción en el té. Por lo tanto, utilice siempre carbones limpios y puros para asar pasteles de té o hervir agua. Los árboles que segregan resina aceitosa o madera en descomposición tampoco deben utilizarse como combustible. La gente de la antigüedad solía comentar que algunos alimentos podían «oler a madera seca», ¡y no podría estar más de acuerdo![66].

En cuanto al agua, la del manantial es la mejor, el agua de río es la segunda y el agua de pozo es la peor. La mejor agua de manantial fluye lentamente sobre las piscinas de piedra en una montaña virgen. Nunca tome agua que caiga en cascadas, brote o se precipite en torrentes o remolinos. En esas montañas, donde varios ríos se juntan tambaleándose, el agua no es dulce e incluso puede ser tóxica, especialmente entre la parte más calurosa del verano y la primera helada del otoño, cuando el dragón es secuestrado[67]. Solo se necesita un sorbo de agua para comprender su naturaleza. Sin embargo, incluso el agua estancada se puede utilizar después de hacer una abertura para que el agua fluya libremente durante algún tiempo. Para el agua de río, cuanto más remota sea la fuente, mejor será el agua. Por otro lado, el agua de pozo es mejor cuando más gente la usa, ya que ayuda a hacer circular su energía.

Cuando el agua hirviendo hace por primera vez un leve ruido y las burbujas tienen el tamaño de ojos de pez, ha alcanzado el primer hervor (*yifei*, 一 沸). Cuando surgen cadenas de perlas en el borde de la tetera, ha llegado a la segunda etapa (*erfei*, 二 沸). Cuando las burbujas son mucho más grandes y las olas del agua resuenan como un tambor, entonces el agua ha alcanzado el tercer hervor (*sanfei*, 三 沸). Más allá de esta etapa, el agua está demasiado hervida y es muy vieja para usarla para preparar té.

Cuando el agua hirviendo ha alcanzado la primera etapa, se debe agregar sal según el volumen de agua Puede probar el agua para asegurarse de que la cantidad sea la correcta, pero recuerde desechar el agua restante del cucharón después de probar. No agregue demasiada sal, especialmente porque es posible que no pruebe la sal inmediatamente después de haberla agregado. De lo contrario, la sal dominará al té. Durante el segundo hervor, se debe sacar un cucharón de agua hirviendo para su uso posterior. El cuenco de agua con cucharón se guarda en el recipiente de agua caliente que se utiliza exclusivamente para este fin. Luego, usando el *zhuce*, la varilla larga de bambú para agitar, se hace girar el agua en el centro de la olla para que el agua hirviendo comience a girar como un remolino. A continuación, use la cuchara medidora para agregar té en polvo en la cantidad adecuada al ojo del vórtice. Poco después de que el té se revuelva y se revuelva, mezclándose, el agua llegará a la tercera ebullición, rugiendo como olas. Este es el momento de devolver el agua caliente que sacaste en el segundo hervor al caldero. Esto evita que el té hierva demasiado, salpique y, lo que es más importante, *alquimiza*[83] *la esencia del té, el hua* (華)[68].

En este momento, el té está listo para servir. Se debe dejar que la espuma se asiente y se esparza uniformemente en los tazones. Una espuma fina se llama *mo* (沫), mientras que una espuma más espesa se llama *bo* (餑). El primero es como un alga verde brillante flotando cerca de la orilla del río o como flores de crisantemo cayendo en un recipiente de bronce que se usa para preparar medicamentos. El tipo de espuma más espesa se crea al hervir el té en exceso. Cuanto más hierve, más pesada se vuelve la esencia y se acumula la espuma. Esto no es diferente a las capas de nieve que crecen en el suelo durante el invierno. La espuma ligera y frágil se denomina *hua* (花)[69], no muy diferente a las flores de dátiles que flotan en la superficie de un estanque, o la lenteja de agua joven que brota

83 El verbo *alquimizar* no existe en español. Se ha mantenido para respetar el significado del texto original que hace referencia a «hacer alquimia» o «transmutar».

Entrando en la habitación del té, Mizuno Toshikata (1897)

Preparando la ceremonia del té, Mizuno Toshikata (1897)

Limpiando la ceremonia del té, Mizuno Toshikata (1897)

en aguas nacientes, o incluso una nube tenue rozando un cielo azul claro. En sus «Odas a las Viejas Hojas de Té», Du Yu también describe la espuma de té como «... brillante como la nieve recién caída y tan brillante como la hierba que brota de un amanecer de primavera».

Si hay una película negra sobre el agua, sáquela[70]. De lo contrario, destruirá el sabor del té. Este primer hervor de té sabe mejor y el aroma dura mucho tiempo[71]. Uno puede guardar un poco de la primera ebullición del té para más tarde, para apaciguar los golpes, las salpicaduras de agua y para cultivar la esencia de las últimas ebulliciones[72]. Los primeros tres tazones son los mejores. A menos que uno tenga mucha sed, no vale la pena beber el resto del té. En general, 200 ml de agua pueden hacer cinco tazones. Uno debe beberlos consecutivamente mientras aún están calientes. Los elementos más pesados y las heces de té se hundirán hasta el fondo del recipiente mientras que la esencia flotará hacia la parte superior. Por lo tanto, el té debe beberse caliente antes de que la esencia se vaporice.

No es buena idea beber demasiado[73]. La moderación es la virtud del té. El licor en sí también debe ser frugal, lo que significa que no tiene un sabor demasiado fuerte. Por lo tanto, es esencial aprender a agregar la cantidad adecuada de té. Si prepara con demasiada agua, el té se diluye demasiado. Cuando bebas medio tazón y descubras que no tiene mucho sabor, imagina cómo habría sido si hubieras usado aún más agua con la misma cantidad de té en polvo. El color del té debe ser amarillo claro y muy aromático, con una fragancia brillante rodeando el espacio del té. Si el té tiene un sabor dulce, entonces es la infusión de lo que llamamos hojas de *guan*, (檟)[74]; si no es dulce sino amarga, entonces es una infusión de hojas de té viejas[75]. Pero si tiene un sabor amargo al principio, pero después de tragarlo tiene un regusto dulce, ¡entonces es verdaderamente té![76].

Beber té

Todas las criaturas grandes y pequeñas, incluidas las aladas que vuelan, las de pelo que corren y las que tienen bocas para hablar, todas necesitan beber agua para sobrevivir. Esa es la esencia básica de beber, pero a veces el significado de lo que los humanos llaman «beber» es más ambiguo. Para saciar la sed, se puede beber agua; para escapar de las preocupaciones o la ira, la gente recurre al vino; pero para disipar la pereza y el letargo[77], solo hay un significado de «beber», ¡y ese es el té!

Ahora, el té como bebida fue descubierto por primera vez por el legendario dios de la agricultura, Shennong[78], según lo registrado por el duque Zhou de Lu (魯周公). A lo largo de la historia, ha habido muchos bebedores de té famosos, como Yan Ying de Qi (齊)[79], Yang Xiong[80], Sima Xiangru de Han[81], Wei Yao de Wu (吳)[82], Liu Qun[83], Zhang Zaiyuan (張 載 遠), Lu Na (陸 纳)[84], Xie An[85] y Zuo Si de Jin (晉)[86]. Después de estos grandes hombres,

Naniwaya Okita, Kitagawa Utamaro (siglo xix)

beber té se ha vuelto cada vez más popular. Hoy en día, en la dinastía Tang, si uno viaja a las dos ciudades más grandes, Xian (西安) y Luoyang (洛陽), o a las áreas de Hubei (湖北) y Chongqing (重慶), se encuentra que el té es una bebida casera en el día a día.

Hay cuatro tipos diferentes de té: té natural, té a granel, té en polvo y tortas de té[87]. Si uno quiere preparar casualmente un pastel de té fresco, debe abrir el pastel con un cuchillo, asarlo hasta que hierva al vapor y el jugo se vaporice, cortándolo en trozos finos. Luego, colóquelo en un jarrón, agregue agua caliente y agítelo suavemente. Esto se conoce como «té a medio cocer (夾生 茶)». Algunas personas hierven té con cebollas verdes, jengibre, dátiles, cáscaras de naranja, cornejo o menta. Luego, siguen sacando y vertiendo el té en la olla para mezclarlo mientras hierve, para que tenga un sabor más suave y no haga espuma, o simplemente raspan los posos y la espuma. Este tipo de té no es diferente de los desagües y zanjas y, sin embargo, ¡ay, mucha gente está acostumbrada a beberlo![88].

Todas las cosas en la Tierra nacen con maravillas únicas y misteriosas y, sin embargo, solo un humano puede dominar y perfeccionar una vida. No es un mero refugio, vivimos en casas de intrincado diseño, nos vestimos con ropa fabulosa, comemos comida deliciosa y bebemos alcohol exquisito. ¡Qué refinamiento y, sin embargo, la mayoría de la gente no sabe cómo preparar y beber té fino!

Hay nueve habilidades que uno debe dominar en una vida de té:

Procesar de las hojas
Discriminación correcta de calidad
Entender los utensilios y su uso
Preparar el fuego adecuado
Comprender y seleccionar el agua adecuada
Tostar adecuadamente el té
Moler el té en polvo
Preparar el elixir perfecto
Beber el té

Recoger hojas en días nublados y asarlas por la noche no es señal de un hábil procesamiento del té. Mordisquear las hojas de té y oler su fragancia no es una calidad verdaderamente discernible$_{89}$. Las ollas que se usan para cocinar o los tazones que huelen a comida no son instrumentos apropiados para preparar té. Del mismo modo, la leña contaminada con aceite o meras brasas de cocina tampoco son adecuadas para preparar té. Las fuentes de agua estancadas o que se mueven rápidamente no son dignas de un buen té. Al tostar pasteles de té, si el exterior se hace mientras el interior aún está crudo, se tiene más práctica que hacer. No triture las hojas de té en un polvo demasiado fino. Ni agitar el agua hirviendo con movimientos bruscos ni con demasiada fuerza es una preparación adecuada. Hay que remover con gracia y suavidad$_{90}$. Y, por último, beber té solo en una temporada, como durante el verano, pero no mucho en otras, como en el invierno, no conduce a una verdadera comprensión del té$_{91}$.

Belleza llevando té, Mizuno Toshikata (1900)

Para obtener el té más exquisito, la esencia debe mostrarse en tres tazones[92]. Cuando una olla hace cinco tazones, el té no sabe tan bien. Pero si puede estar satisfecho con un compromiso de calidad, se permiten cinco tazones. Si tiene cinco invitados, es mejor servir tres tazones de té para compartir. Si tiene siete invitados, haga cinco tazones y páselos entre los invitados. Si tiene seis invitados, haga cinco tazones y use el recipiente de agua caliente como el sexto[93]. Si falta un invitado en su reunión, entonces el espíritu del té debe ocupar su lugar[94].

Referencias históricas del té

Las notas históricas sobre el té son:

- Está escrito en el *Tratado de Alimentos de Shennong*: «Si uno bebe té con regularidad, será más activo físicamente, estará contento, con una fuerte determinación y concentración en el trabajo».
- El duque de Zhou (周公) escribió en Erya (爾雅) que *jia* es una especie de té amargo[95]. Y en Guangya (廣 雅), se cuenta que «En las áreas de Hunan y Sichuan, la gente recoge hojas de té para hacer pasteles de té. Si las hojas están viejas y rancias, remójalas en agua de arroz. Antes de preparar la infusión, primero asa los pasteles a un color rojo, luego muélelos y colócalos en recipientes de cerámica, vertiendo agua caliente sobre ellos[96]. O cocine las hojas de té molidas con cebolla verde, jengibre y cáscara de naranja. Una bebida así es buena para la resaca y evitará la somnolencia».

- En la *Biografía de Yanzi* (晏子 春秋), puedes encontrar lo siguiente: «Cuando Yanzi era el primer ministro del duque Jing de Qi (齊景公), solo comía mijo, algunas aves de corral, huevos y bebía té»[97].
- Sima Xiangru enumeró el té entre otras plantas y animales medicinales en un ensayo sobre lingüística.
- Yang Xiong dijo: «En el suroeste de Sichuan, la gente se refiere al té como *jia* (葭)» en su antología lingüística, *Fangyan* (方言).
- La *Biografía de Wei Yao en la Historia de Wu* (吳志·韋曜傳) establece que «Siempre que el Emperador Sun Hao (孫皓) tenía un banquete, todos los funcionarios tenían que beber al menos un litro y medio de licor. Incluso si uno no podía terminar tanto, tenía que tomar la cuota y ocuparse de ella. Sin embargo, Wei Yao no pudo beber más de medio litro de licor. Cuando Sun Hao ascendió por primera vez al trono, respetaba tanto a Wei Yao que secretamente le dio té a Wei Yao en lugar de licor».
- Un relato en Jin Zhongxing Shu (晉中興 書) dice que «Cuando Lu Na (陸 納) era el gobernador del estado de Wuxing (吴兴), la familia se enteró de que el dignatario Xie An quería visitar a Lu Na. El sobrino de Lu, Shu (俶), lo supo, pero no se atrevió a preguntarle a su tío por qué no se estaba preparando para la visita de Xie An. Shu preparó comida para más de diez personas él solo. Cuando llegó Xie An, como se esperaba, Lu Na solo sacó té y frutas para Xie An. Shu sacó el exquisito festín que había

preparado. Después de que Xie An se fue, Lu Na le dio a su sobrino cuarenta azotes y lo reprendió, diciendo: «“¡Lo que hiciste no solo no honró a tu tío, sino que también me hizo parecer grosero!”»[98].

- La *Historia de Jin* (晉書) afirma que «Cuando Huan Wen (桓温)[99] era el gobernador de Yangzhou[100] vivía humildemente. Siempre que tenía un banquete, solo había siete platos de frutas, pasteles, tortas y té, y nada más».
- Hay un relato interesante sobre el té en la fantástica colección del siglo IV, *En busca de lo sobrenatural* (搜神記)[101]. La historia cuenta que Xiahou Kai (夏侯 愷) contrajo una enfermedad y falleció. Después de su muerte, alguien en su casa que podía ver espíritus vio a su fantasma en el establo buscando su caballo. «El espíritu estaba vestido con el atuendo que había usado cuando estaba vivo: un sombrero de copa plana y una camisa de una sola capa. Se sentó en una silla grande contra la pared oeste y cuando la gente pasó, les pidió té. Por la noche, el fantasma entró en su antiguo dormitorio y su esposa se enfermó a la mañana siguiente».
- Liu Kun (劉琨)[102] escribió una vez a su sobrino, que era el gobernador del estado de Nanyanzhou[103], acerca de una receta: «Adquirí una libra de jengibre seco, canela y *huangqin* (黄芩)[104], cada uno de los cuales era exactamente lo que necesitaba. También he sentido a menudo que tengo edema y confío en beber té para sentirme mejor. Usted puede hacer lo mismo».

- Fu Xian (傅 咸)[105] escribió en sus *Registros de la Capital del Estado* (司隸 教)[106] que «una vez escuché que en el mercado sur había una anciana pobre de Sichuan (四川) vendiendo té cocinado con cebollas verdes, jengibre y cáscaras de naranja para ganarse la vida. Un empleado local rompió sus cubiertos e incluso le prohibió vender té en el mercado. Me pregunto por qué el secretario quería hacerle difícil la vida a la anciana de Sichuan».
- Otra colección de historias fantásticas, *Notas sobre las Maravillas Divinas* (神異 記), también registra una historia sobre el té. «Yu Hong (虞 洪) de Yu Yao[107] fue a vagar por las montañas para recoger té. Encontró a un taoísta pastando sus tres vacas. El taoísta condujo a Yu Hong a las Montañas de las Cascadas, donde las cataratas giraban hacia abajo como una cinta, y dijo: "Mi nombre es Vermillion Hill. He oído que eres un gran amante del té y por eso esperaba conocerte. Quería compartir contigo que en lo profundo de esas montañas hay enormes árboles de té. Espero que los encuentres. Mi único deseo es que si lo hace, ocasionalmente les haga oraciones, les ofrezca té y que comparta algo de su té sobrante con otros". Así que Yu Hong instaló un altar como sugirió el taoísta y oró, pidiendo conocer el paradero de los árboles. Más tarde, a menudo enviaba a su familia a las montañas a buscar, y finalmente encontraron los grandes árboles de té. A partir de ese momento, hubo suficiente para que

todas las amas de casa de su aldea compartieran la cosecha».

- Zuo Si escribió en un poema sobre sus adorables hijas que estaban «tan impacientes por el té que resoplaban y resoplaban en el horno cuando el té estaba hirviendo».
- Zhang Mengyang (張孟陽) creó su poema sobre *Chengdu* (成都), recordando los grandes banquetes celebrados por celebridades como Yang Xiong, Sima Xiangru y Zhuo Wangsun (卓王孫)$_{108}$. En los extravagantes banquetes, entre todos los tentadores platos y bebidas, el té fue, con mucho, lo mejor para todos: «Fragante y hermoso, el té corona las Seis Purezas$_{109}$. Su sabor desbordante se extiende por las Nueve Regiones$_{110}$».
- En un poema que enumera los mejores productos de China, entre los caquis de Shandong y las

Invitación a la última parte de la ceremonia del té, Mizuno Yoshikata (1897)

castañas de Hebei, Fu Xun[111] considera que el té de Sichuan es el mejor.

- Hong Junju (弘君舉)[112] escribió en su pasaje *Sobre la comida* (食 檄) que «Después de haber saludado a sus invitados, primero ofrece tres tazones de té fino con espuma blanca, luego ofrece caña de azúcar, papaya, ciruelas, arándano chino, aceitunas en escabeche con condimento de cinco sabores y una sopa de okra[84] con almidón».
- Sun Chu (孫 楚)[113] también escribió un poema sobre la comida «La mejor parte del cornejo son las hojas nuevas. Las mejores carpas son del río Luo. La mejor sal blanca es de la costa este, mientras que el mejor jengibre, canela y té son de Sichuan...»[114].
- El médico más famoso de la historia de China, Hua Tuo (華陀)[115], comentó que «El consumo frecuente de té amargo aclara la mente»[116].
- Hujushi (壺居士) afirma en sus *Restricciones sobre la comida* (食忌) que «Beber té amargo durante mucho tiempo te hará tan ligero como un

84 La okra es popular por su estructura repleta en nutrientes, en particular por su contenido de fibra soluble e insoluble. Esta verdura viene de las Malváceas o familia de la malva y está relacionada al algodón, el hibisco y la malvarrosa.
Esta verdura de vaina está disponible todo el año, especialmente durante el verano, y crece bien en climas cálidos. Es naturalmente verde pero algunas variedades muestran un color rojizo. Algunos tipos tienen una superficie suave, mientras otros tienen una textura rugosa. Debido a que la okra es dura de masticar, se hierve o hace al vapor para comer.

pájaro. Sin embargo, si toma té con cebollino al mismo tiempo[117], aumentará de peso».

- *El Comentario sobre Erya* (爾雅注) de Guo Pu (郭璞)[118] dice: «Los árboles de té son como la gardenia. Sus hojas nuevas comienzan a brotar en invierno. Se puede cocinar con almidón para espesarlo como una sopa. Hoy en día, la gente se refiere a las hojas recogidas por la mañana como *cha*, mientras que las recogidas por la noche son *ming* (茗). Otro término relacionado es *chuan*, al que los originarios de Sichuan denominan té amargo».
- Un relato recopilado en un famoso libro de anécdotas durante el siglo V, *Un nuevo relato de los cuentos del mundo*, (世說新語) dice: «Ren Zhan (任瞻) fue un apuesto prodigio que fue famoso desde muy joven. Sin embargo, tuvo algunas dificultades para adaptarse a su nueva vida después de huir al sur[119]. Cuando fue recibido por los anfitriones locales, le ofrecieron un tazón de té. Preguntó: "¿Esto es *cha* o *ming*?"[120]. Se dio cuenta de que su pregunta era incómoda, ya que los anfitriones y otros invitados lo miraron con recelo. Luego trató de cubrir su ignorancia y explicó: "Estaba preguntando si la bebida estaba fría o caliente"[121]».
- En la secuela de *En busca de lo sobrenatural* (續搜神記), hay una historia sobre alguien llamado Qin Jing (秦精) que vivía en Xuancheng[122]. A menudo iba a la montaña Wuchang (武昌) a recoger té. Una vez, conoció a un hombre peludo que

medía más de dos metros y medio. El hombre peludo llevó a Qin a las estribaciones de la montaña y le mostró un gran árbol de té, dejándolo solo allí. Después de un tiempo, el gigante regresó, metió la mano en su vientre y sacó algunas naranjas para compartir con Qin. Este comenzó a entrar en pánico y huyó a casa con el paquete de hojas de té que había recogido.

- Durante la rebelión de los Cuatro Príncipes[85], el emperador Hui de Jin$_{123}$ huyó de la capital. Una vez apaciguada la rebelión, al regresar al palacio,

85 Fragmento de Wikipedia de la historia del emperador Hui de Jin, en el que se menciona esta rebelión: «Sima Yong trató de apaciguar a las posibles fuerzas opuestas promoviendo a todos los principales príncipes y señores de la guerra, pero sus promociones no tuvieron el efecto deseado. Mientras tanto, Han Zhao atrajo a los agrarios y tribus Han y no Han decepcionados con el gobierno de Jin, y comenzó a crecer en tamaño y poder. Al mismo tiempo, sin embargo, continuó la lucha interna con Jin. En el otoño de 305, Sima Yue declaró otra rebelión, esta vez contra Sima Yong, alegando que Sima Yong había obligado indebidamente al emperador Hui a trasladar la capital. Varios gobernadores provinciales y comandantes militares se vieron obligados a estar de un lado o del otro. La guerra inicialmente no fue concluyente. A principios de 306, después de algunas victorias de Sima Yue, Sima Yong se asustó y ejecutó a Zhang para buscar la paz; Sima Yue se negó. En el verano de 306, Sima Yong se vio obligada a abandonar tanto a Chang'an como al emperador Hui, y las fuerzas de Sima Yue dieron la bienvenida al emperador Hui de regreso a Luoyang y restauraron a la emperatriz Yang.
También en 306, tanto Li Xiong como Liu Yuan se declararon emperadores, rompiendo aún más claramente con Jin».

los eunucos le dieron al emperador un poco de té en un cuenco de cerámica.

- Otro relato fantástico se registró en *Yiyuan* (異苑), recopilado durante el siglo v. «En el condado de Shan (剡), había una viuda que vivía con sus dos hijos. Le encantaba beber té. Antes de beber té, siempre ofrecía un cuenco a la antigua tumba en su patio. Sus hijos pensaron que, dado que era una tumba anónima, era un desperdicio ofrecer té al espíritu allí. Decidieron deshacerse de la tumba. Sin embargo, la viuda no estuvo de acuerdo y después de muchas discusiones finalmente los disuadió de exhumar la tumba. Aquella noche tuvo un sueño en el que el espíritu le dijo: "Llevo aquí más de trescientos años. Gracias por evitar que sus hijos perturben mi descanso. Y también, gracias por el buen té. Aunque no soy más que huesos secos bajo tierra, debo recompensarte por tus buenas obras". A la mañana siguiente, la viuda encontró cien mil monedas[86] en el patio. Las monedas parecían viejas, pero las cuerdas que unían las monedas parecen nuevas$_{124}$. Los dos hijos se sintieron avergonzados y comenzaron a

86 Posiblemente se trate de la wu zhu, moneda sucesora de la ban liang a finales del siglo II a. C., que será la pieza central del circulante chino durante la mayor parte de este período hasta la era Tang, a principios del siglo VII d. C., sirviendo de puente entre la Antigüedad y la Edad Media.

unirse a su madre para hacer ofrendas y orar en la tumba».

- La *Hagiografía*[87] *de los Ancianos en Guangling* (廣陵耆老傳) dice que «Durante el reinado del Emperador Yuan de Jin (晉元帝)$_{125}$, había una anciana que vendía tazones de té en el mercado todas las noches. Tenía un buen negocio, servía muchos cuencos y, sin embargo, su recipiente nunca parecía quedarse sin té. Luego daría todo lo que ganaba a las personas sin hogar y mendigos en las calles. Algunos pensaron que era extraña y la entregaron a las autoridades. La policía la llevó a la cárcel. Esa noche, voló por la ventana de su celda con su recipiente de té a remolque».
- La sección sobre arte en la *Historia de Jin* (晉書藝術傳) fue escrita por un monje llamado Shan Daokai (單道開) que vivía en la ciudad más occidental de China, Dunhuang (敦煌). Dice: «A menudo comía guijarros, medicinas con fragancia de pino, canela y miel. Aparte de eso, solo bebía té».
- *La secuela de biografías de los famosos monjes* (續名僧傳) escrita por el monje Daogai (道該) registra que un monje llamado Fayao (法瑶) se encontró con un taoísta, Shen Taizhen (沈台真), y le pidió que se quedara en el templo Xiaoshan en

87 Historia de la vida de un santo; puede tener carácter literario narrativo o dramático.

Wukang (武康小山寺). El taoísta era muy mayor y pasaba sus días bebiendo té mientras el sol salía y se ponía. Cuando tenía setenta y nueve, la corte envió un edicto al funcionario local, convocando al viejo taoísta al palacio para ser recibido con los más altos honores.

- *La genealogía familiar de las seis dinastías de Jiang* (宋江氏家傳) establece que Jiang Tong (江統)[126] era el asistente del príncipe heredero. Trató de disuadir al príncipe heredero de hacer negocios en el mercado local, argumentando: «¡Vender vinagre, fideos, canastas, verduras y té en el mercado es una vergüenza para nosotros y para el país!»[127].
- *Los registros de los Sung* (宋宋) documentan que «Wang Ziluan (王子鸞) de Xinan[128] y Wang Zishang (王子尚) de Yuzhang[129] visitaron al taoísta Tanji (曇濟) en la montaña Bagong (八公山)[130]. El taoísta les preparó un té. Zishang probó el té y exclamó: "¡Esto es ambrosía! ¿Por qué se refirió a él como 'té'?».
- Wang Wei (王微)[131] escribió un poema sobre una mujer solitaria:

Solo y desolado,
Me encierro en la cámara más alta.
Silencioso y vacío
los grandes salones.
Esperando a mi señor
quien no volverá,
Me resigno y tomo un té amargo.

- La hermana de Bao Zhao (鮑昭)[132], Linghui (令暉), una poeta por derecho propio, escribió siete *Rapsodias sobre el té* (香茗賦)[133].
- El último edicto del emperador Wu[134] de la dinastía Qi del Sur fue «Ningún sacrificio de animales debe hacerse por mi espíritu. Solo quiero galletas, frutas, té, arroz y carne seca». Y deseaba que este tipo de funeral modesto continuara en generaciones posteriores.
- Liu Xiaochuo (劉孝綽)[135] de la dinastía Liang (梁) escribió una vez una carta de agradecimiento al duque de Jin'an (晉安王蕭綱) por haberle regalado arroz y otros productos. «Entre las calabazas frescas y sabrosas, los brotes de bambú, las verduras en escabeche, la carne seca, el vinagre, el pescado y el licor, el té era el más hermoso y sabroso».
- Un famoso taoísta durante el siglo v, Tao Hongjing (陶弘景)[136] escribió que «El té amargo *alquimizará* los fluidos corporales, haciéndolo más liviano. En los viejos tiempos, taoístas como Vermillion Hill (丹丘子) y El Caballero de las Verdes Montañas (青山君) bebían té».[137]
- Se dice en los *Registros del Último Wei* (後魏錄) cuando Wang Su (王肅)[138] del área de Langye[139] servía en el sur, que disfrutaba bebiendo té y sopa espesa de hojas de loto jóvenes (莼羹). Después de regresar al norte, volvió a preferir el cordero y el yogur. Cuando otros le preguntaron si le

gustaba más el té o el yogur, respondió: «¡El té ni siquiera merece ser el sirviente del yogur!»[140].

- Un relato detallado sobre el té se registró en la antología más antigua de hierbas, *Tongjun Caiyao Lu* (桐君採藥錄). «A la gente de Xiyang[141], Wuchang[142], Lujiang[143] y Xiling[144] le gusta beber té con una espuma espesa. Y siempre ofrecen té a sus invitados. Es una bebida deliciosa y fina. En general, las hojas se utilizan para elaborar los diferentes tipos de bebidas que consume la gente. Sin embargo, plantas como los espárragos (*tianmendong*, 天門冬)[145] se arrancan de raíz y se utilizan para hacer bebidas a base de hierbas, que son buenas para la salud. En Badong[146], hay una especie de hoja que se asemeja al té que puede mantenerte despierto toda la noche. Además, la gente cocina hojas de árboles de sándalo chino (*tan*, 檀)[147] con ciruelas (*zaoli*, 皂 李)[148] como bebida herbal porque se consideran frías en la medicina china. Como resultado, esta bebida refrescará el cuerpo durante los calurosos días de verano. Además, hay otro tipo de planta que parece té pero las hojas son muy amargas[149]. La gente a menudo usa las hojas picadas para hacer una infusión de hierbas, que también puede mantenerte despierto durante la noche. Las personas que producen sal para ganarse la vida beben mucho té, especialmente en las áreas de Guangxi (廣西) y Guangdong (廣東). El té aromatizado suele ser lo primero que ofrecen a sus invitados».

- El *Diario de Geografía*, también conocido como *Cuentas de Kunyuan* (坤元錄), escrito por un príncipe llamado Li Tai (李泰)[150] dice: «En Xupu[151], los indígenas se reúnen en la cima de una montaña a doscientos kilómetros al noroeste de la ciudad, cantando y bailando para celebrar sus fiestas. Hay muchos árboles de té en esa montaña»[152]. Además, «Setenta kilómetros al este de Linsui, hay un arroyo llamado Tea».
- Los *Registros de Wuxing* (吳興記), escritos por Shan Qianzhi (山謙之)[153], dicen que «diez kilómetros al oeste de Wucheng[154] hay una montaña llamada Wenshan (温山). El té de Wenshan es un té tributo al Trono del Dragón»[155].
- El *Atlas de Yiling con ilustraciones pictóricas* (夷陵圖經) registra que el té crece en las siguientes cuatro montañas: Huangniu (黃牛), Jingmen (荊門), Nuguan (女觀) y Wangzhou (望州)[156].
- «Hay una montaña llamada "Montaña del Té Blanco (白茶山)" a unos 180 km al este de Yongjia[157]» es una cita del *Atlas de Yongjia con ilustraciones pictóricas* (永嘉圖經).
- El *Atlas de Huaiyin con ilustraciones pictóricas* (淮陰圖經) dice: «Hay una colina llena de árboles de té diez kilómetros al sur de Shanyang»[158].
- El relato *Chaling*[159] significa literalmente «el valle con árboles de té», y se puede encontrar en el *Atlas de Chaling con ilustraciones pictóricas* (茶陵圖經).

- En *la sección de árboles de la nueva edición de Materia Médica* (新修本草)[160], se registra «*Ming* es una especie de té amargo. Tiene un sabor agridulce y es de naturaleza fresca. No es venenoso y actúa para curar llagas, úlceras y verrugas[161]. También es un diurético, mueve la flema estancada y el calor, calma la sed y disipa la somnolencia. Las hojas de té recogidas en otoño tienen un sabor amargo y ayudan a aliviar el vientre hinchado y la indigestión». Como resultado, hay una anotación en el comentario de este trabajo que dice: «Las hojas de té deben arrancarse en la primavera».
- En la *Sección de Hierbas* de la misma obra, encontramos lo siguiente: «Té amargo; los nombres alternativos son *tu* (荼), *xuan* (選) y *youdong* (遊冬). Crece en los valles, riberas y colinas cerca de Yizhou[162]. Los árboles pueden sobrevivir a los fríos inviernos. Las hojas se recogen y se secan el tercer día del tercer mes lunar». El comentario de esta sección dice: «Podría llamarse té hoy en día, pero un nombre alternativo es *tu*[163]. Mantiene a la gente despierta y despejada». En el *Clásico de la poesía*[164], el autor exclama: «¿Quién dice que *tu* es amargo?». Y nuevamente, «El *tu* de tierra amarilla es dulce como un almíbar», ambas citas se refieren a esta hierba amarga. El té amargo del que escribió Tao Hongjing es también una referencia a las hojas de este mismo árbol, no alguna otra hierba. *Ming* se refiere al té recogido en primavera.

- El famoso médico de la dinastía Tang, Sun Simiao (孫思邈), proporcionó una receta en su texto *el Libro de Recopilaciones de Curas y Prescripciones* (*Zhenzong Fang*, 枕中方): «Para curar las úlceras crónicas, uno debe tostar té amargo y ciempiés juntos hasta que huele ligeramente a quemado. Luego aplastarlos y dividirlos en dos partes iguales. Cocine la mitad con raíz de regaliz (甘草)[165] y bébalo para eliminar las úlceras. Aplicar la otra mitad a un parche de hierbas, cubriendo las úlceras lavadas»[166].
- Hay una ocasión en la que el té se usa en *Recetas médicas para niños* (孺子方): «Para curar los problemas de los niños con cólicos, cocine té con raíces de cebolla verde y aliméntelos con la sopa».

Los grados del té

Los grados y cualidades del té son:

- En la región de Shannan (山南道)[167] el té de Xiazhou[168] es el mejor. El té de Xiangzhou[169] y Jingzhou[170] ocupan el segundo lugar. Luego viene Hengzhou[171]; luego Jinzhou[172] y finalmente Liangzhou[173].
- Dentro de la región de Huannan (淮南道), el té de Guangzhou[174] es el mejor. El té del condado de Yiyang[175] y Shuzhou[176] ocupan el segundo lugar. Luego está Shouzhou[177]; luego Qizhou[178] y finalmente Huangzhou[179].
- En la región de Zhexi (浙西道), el té de Huzhou es el mejor. En segundo lugar está el té de Changzhou[180]. El tercero es Xuanzhou[181], Hangzhou[182], Muzhou[183], Shezhou[184], y luego Runzhou[185] y Suzhou[186].
- Dentro de la región de Jiannan (劍南道), el té de Pengzhou[187] es el mejor. El té de Mianzhou[188] y

Shuzhou[189] ocupan el segundo lugar. Luego vienen Qiongzhou[190], Yazhou[191] y Luzhou[192]. Meizhou[193] y Hanzhou[194] son los peores.

- En la región de Zhedong (浙東道), el té de Yuzhou[195] es el mejor. El segundo es el té de Mingzhou[196] y Wuzhou[197]. Entonces, Taizhou[198] es el peor en esta región.
- Dentro de la región de Qianzhou (黔中道)[199], los árboles de té crecen en Enzhou[200], Bozhou[201], Feiahou[202] y Yizhou[203].
- En la región de Jiannan (江南道), los árboles de té crecen en Ezhou[204], Yuanzhou[205] y Jizhou[206].
- Dentro de la región de Lingnan (嶺南 道), los árboles de té crecen en Fuzhou[207], Jianzhou[208], Shaozhou[209] y Xiangzhou[210].

No he comparado ampliamente todo el té de las últimas tres regiones. Sin embargo, lo que allí bebí fue excelente.

Omisiones y generalidades

Durante el Festival de la comida fría (寒食節)[211], se pueden recoger hojas de té en la naturaleza, o tal vez en un monasterio, jardín de montaña o bosque. Después de cocerlas al vapor y triturarlas, se pueden secar inmediatamente y consumir en poco tiempo. Por una cantidad tan pequeña, se pueden prescindir de algunos de los procedimientos y herramientas habituales. Por ejemplo, pinchar los pasteles de té (qi) o ensartarlos (pu); o usar un pozo de fuego subterráneo (pei), una brocheta de bambú (guan), una rejilla de madera (peng), un lazo de tortas de té (chuan) o un recipiente de almacenamiento (yu) no son todos necesarios[212].

En términos de utensilios para preparar té, si uno prepara té en un bosque de pinos y se encuentra con piedras lo suficientemente grandes como para que un hombre se siente, entonces no será necesario un estante para utensilios[213]. Si se usa leña seca y un trípode (*cheng*, 鐺)[214], entonces no es necesario llevar al bosque el brasero, su bandeja para las cenizas, las tenazas para el fuego, las tenazas de bambú o el soporte plegable.

Si uno prepara té a lo largo de la orilla del río, donde hay agua fresca a mano, entonces los recipientes de agua para almacenar agua y contener las aguas residuales, y el filtro purificador, también se pueden dejar atrás. Cuando hay menos de cinco personas en una sesión y uno puede tomar más tiempo para moler el té y convertirlo en un polvo más fino, no se necesita el colador. Si uno desea tomar té mientras explora acantilados de montaña o cuevas, entonces debe tostar el té y molerlo antes de emprender el viaje. El polvo se puede almacenar en el sobre de papel o en el recipiente de té redondo (*he*). En ese caso, no es necesario llevar consigo el pesado molinillo o la pluma para recoger el polvo de té. Si todos los utensilios como el cucharón, los tazones, la varilla de bambú, el recipiente de agua caliente y el recipiente de sal pueden caber en la canasta de carbón (*ju*), entonces la canasta de bambú más grande (*dulan*) no será necesaria. Sin embargo, al preparar té en la ciudad, dentro de las puertas de los aristócratas, se necesitan los veinticuatro utensilios y herramientas para preparar té fino.

Apéndice: Las instrucciones del Maestro Lu para mostrar el sutra del té

Divida los capítulos entre cuatro y seis rollos de seda blanca, cepille los nueve capítulos y móntelos en paneles de pantalla. Las pantallas pueden estar en exhibición o guardadas en una esquina cuando no están en uso. Sáquelos y ordene las nueve secciones para que puedan verse juntos o individualmente y, por lo tanto, memorizarlos. Abra las pantallas para verlas cuando prepare o hable sobre el té.

Mujeres en el Palacio Chiyoda Palace - Ceremonia del té,
Chikanobu Toyohara (era Meiji)

Glosario

1. Actualmente área del este de Sichuan (四川).
2. La triste realidad es que esto sucedió. Incluso se talaron árboles enteros para obtener las hojas, y esto también ha sucedido en los tiempos modernos. A principios de la primera década del siglo XXI, los agricultores de Yunnan hicieron esto para vender *puerh* a personas de la ciudad que vinieron a preguntar por él. Más tarde, este hábito se detuvo porque los aborígenes se dieron cuenta de que los árboles de té eran en sí mismos muy valiosos. Tanto si el Maestro Lu hubiera escuchado sobre cortar ramas o «talar árboles de té», que es otra forma de traducir esta oración, o si lo hubiera visto hacer él mismo en persona, habría hecho tener en cuenta que muchos aborígenes trepan a los árboles para arrancar las hojas, entonces y ahora.
3. Los caracteres chinos están organizados por los radicales[88] que contienen.

---

88 Los radicales son los caracteres elementales, las piezas básicas con las que se construyen el resto de los caracteres chinos.

4. Té amargo.
5. Símbolo arcaico chino para el té.
6. Hojas de té jóvenes.
7. Hojas de té viejas.
8. Obviamente, todo el mundo en la época del Maestro Lu sabía cómo cultivar melones.
9. ¡La mejor línea de todas!
10. Los autores taoístas a menudo ocultan la profundidad esotérica, las prácticas meditativas o alquímicas en sus escritos sobre el cuerpo. Podría haber significados alternativos a esta lista de curas, especialmente dada la línea anterior.
11. Estamos seguros de que el Maestro Lu incluiría agroquímicos aquí.
12. (上黨) Actualmente Changzh (長治), Xian (西安).
13. Actualmente Península Coreana.
14. Actualmente Península Coreana.
15. (澤州) Actualmente Jincheng (晉城), Shanxi (山西).
16. (易州) Actualmente Baoding (保定), Hebei (河北).
17. (幽州) Actualmente ciudad de Pekín.
18. (檀州) Actualmente Miyun (密雲), Hebei.
19. *Adenophora* es un género de plantas con flores perteneciente a la familia *Campanulaceae*.
20. El ginseng era muy popular en la época del Maestro Lu, por lo que la analogía funciona bien.
21. Aproximadamente dos litros.
22. La producción de té se hacía al aire libre en la época del Maestro Lu.
23. En chino, es común que el mismo carácter se use como sustantivo o verbo según el contexto. Sin embargo, la mayoría de los sustantivos se pronuncian en el primer o segundo tono, mientras que los verbos se pronuncian en el cuarto tono.

24. Esto significa que había un lugar para guardar un ventilador junto a la estufa.
25. Los carbones se usaban para esto.
26. Estos son los siete pasos mencionados anteriormente: recoger, cocer al vapor, triturar, comprimir, asar en seco, ensartar para formar agujeros en el centro de los pasteles y sellar.
27. Similar a los pasteles de *puerh* de hoy en día, las hojas tiernas y jugosas de la más alta calidad resisten la compresión. Esto da como resultado patrones desiguales que el Maestro Lin siempre dice que parecen cabello peinado.
28. «Probar para creer» es una frase que el Maestro Lin usa a menudo. Aquí funciona bien como traducción, por lo que no pudimos resistirnos a agregar un poco de nuestra tradición a la traducción.
29. Utilizado en los templos para ofrecer al fantasma quemado dinero, incienso, etc., desde la antigüedad.
30. ¿Podría ser esto un precursor de la primera línea del poema que transmite los principios de la elaboración de *gongfu* en nuestra tradición? «Conserva el calor y empieza a absorber la paz». Las cenizas se usan para controlar la temperatura cuando se usa carbón para calentar agua para el té.
31. Los ocho trigramas (*bagua*, 八卦) y los cinco elementos (*wu xing*, 五行) son los principios más fundamentales del taoísmo. Los trigramas son grupos de tres líneas continuas o discontinuas, que representan el yin y el yang. Cada uno de estos trigramas representa un elemento, una dirección, etc. La suma de dos trigramas forma un hexagrama. Los sesenta y cuatro hexagramas posibles se utilizan como adivinación en el *I Ching*. El trigrama *kan* corresponde al agua, el trigrama *xun* corresponde al viento y el trigrama *li* corresponde al fuego. Cuando este caldero de metal está en uso, necesita madera para hacer carbón y las cenizas del

interior son la tierra. En otras palabras, es la actualización literal de un microcosmos taoísta perfecto porque contiene los cinco elementos. Esta idea se desarrolla en la siguiente oración, mientras el Maestro Lu habla del cuerpo físico bien equilibrado que fue emblema en su vasija de bronce.

32. La última inscripción registra la fecha en que se forjó el brasero del Maestro Lu. Durante la dinastía Tang, la rebelión más notoria fue liderada por el bárbaro An Lushan (安祿山), y fue pacificada en 762 d. C. Así que este horno se fabricó en 763 d. C.
33. Durante la dinastía Shang (商) temprana (siglos XVII al XI a. C.), Yiyin (伊尹) fue uno de los primeros ministros más famosos. También fue famoso por su estofado. De esta manera, el Maestro Lu compara su té con la famosa sopa del antiguo ministro.
34. Estos braseros y los calderos sobre ellos eran más pequeños de lo que usamos hoy. También son más pequeños que el *kama* japonés promedio.
35. Se puede notar que muchos de estos implementos de carbón todavía se usan hoy.
36. Una especie de arma pequeña de alabarda llamada *muwu* (木吾).
37. Era común que las tenazas de la época fueran un par de palillos de metal con adornos redondos en un extremo, unidos por una cadena de metal. Por alguna razón, el Maestro Lu no pensó que la cadena o las decoraciones fueran necesarias.
38. Tierra y cielo; esto tiene un gran significado cosmológico e incluso fue la forma de la moneda china.
39. Un tipo de hierro especial y puro que se ha utilizado para fabricar teteras durante siglos, incluidos los antiguos *tetsubin* y *kama* en Japón.
40. (洪州) Actualmente Fengzheng (豐城), Jiangxi (江西).
41. (萊州) Actualmente Shandong (山東).

42. Actualmente Provincia de Zhejiang (浙江). Este tipo especial de papel había sido famoso desde finales del siglo II y era el papel oficial de la corte Tang debido a su excelente calidad.
43. Ver el siguiente utensilio.
44. Dado que el té molido en polvo perdía su sabor rápidamente, las personas solo molían lo que necesitaban para una sola sesión, al igual que el *matcha* se tamiza para una ceremonia del té japonesa hoy en día. Por tanto, este contenedor era relativamente pequeño.
45. La cuchara en cubos de una pulgada mencionada aquí ha sido un tamaño de cuchara comúnmente empleado en la medicina tradicional china desde la dinastía Han (漢) (206 a. C.-220 d. C.), lo que promueve la filosofía del «té como medicina» que el Maestro Lu promueve en todo el sutra.
46. Este tipo de filtro de agua simple sin ninguna decoración era un utensilio estándar de un monje en la dinastía Tang. Los monjes en ese momento no querían ingerir, y por lo tanto matar, ningún microorganismo invisible en el agua, por lo que todos llevaron estos filtros con ellos. Después de cada uso, el monje colgaría la bolsa para que se seque con un trozo de cuerda. El Maestro Lu nos pide santificar nuestra agua para el té, lo que hacemos en el centro a través de piedras sagradas, oración y gratitud antes de sacarla.
47. Du Yu (杜毓, activo entre 291-306 d. C.) es un antiguo sabio. Su obra *Odas a las Viejas Hojas de Té*, es la literatura china más antigua conocida que se centra en el té.
48. (永嘉) 307-313 d. C.
49. (餘姚) Actualmente provincia de Zhejiang.
50. Aunque el carácter se escribe como 筴, que comúnmente se pronuncia como *jia*, aquí se pronuncia como *ce*, que significa «(策) palo de bambú delgado».

51. Como el Maestro Lu discutirá más adelante en el capítulo sobre la preparación del té, el agua se sirve con cucharones y se reserva, y luego se vuelve a agregar antes de decantar el té. Esta agua más fría estabiliza la temperatura antes de beberla.
52. En la historia de China, los nombres de los artículos de cerámica tienen el nombre del estado en el que se produjeron. Todos los artículos son diferentes porque emplean distintos tipos de arcilla local, técnicas de procesamiento y tienen sus propios estilos individuales en forma y decoración. Como las propiedades de la arcilla y la temperatura de cocción afectan a la vajilla final, el té tendrá un sabor diferente en diversos tazones debido a la porosidad, la capacidad de conservar el calor, el contenido de metal en la arcilla, etc. Dado que la cocción se hacía con madera, resultaba caro y complicado. Por lo tanto, los alfareros individuales no dispararon su propio trabajo. Todo el pueblo quemaba juntos y había maestros de hornos que se ocupaban del proceso. Por lo tanto, estos pueblos también se denominaron «hornos».
53. La porcelana china lleva el nombre del lugar de producción. Entonces, la vajilla de Yuezhou denota que la porcelana fue hecha en el estado de Yue (越州, actual provincia de Zhejiang). Por lo tanto, esta lista no es de lugares, sino de los productos de estos lugares.
54. (鼎州) Actualmente provincia de Shanxi.
55. (婺州) Actualmente provincia de Jiangxi.
56. Diferente de la nota 53: (岳州) Actualmente provincia de Hunan (湖南).
57. (壽州) Actualmente provincia de Shandong (山東).
58. (洪州) Actualmente provincia de Jiangxi.
59. (邢州) Actualmente provincia de Hebei (河北).

60. (東甌) Actualmente provincia de Zhejiang.
61. Referencia a las notas 53 y 56.
62. Se piensa comúnmente que todo el té de la época del Maestro Lu era verde, pero esta y otras líneas de *El sutra del té* sugieren que también había otros tipos de té.
63. No estamos completamente seguros de para qué se utilizó el cepillo. No se menciona en el capítulo sobre preparación de té. Sin embargo, se podría suponer que se usó para cepillar el molinillo y recolectar una mayor cantidad de polvo, a diferencia del cepillo de plumas más pequeño en el tamiz.
64. Catalpa[89] de Manchuria; Catalpa bungei.
65. Quizá para purificar como en la ceremonia del té japonesa.
66. Esto se refiere a un pasaje de *Las Crónicas de Jin* en el que un Oficial Xun Xu (荀勖) fue invitado una vez al palacio y comió con el emperador. Comentó que la comida sabía a madera desgastada. El emperador interrogó al chef y el chef admitió que había cocinado la comida con algunas partes rotas de un carro viejo. Esto es similar a la historia del agua sobre el Maestro Lu de antes.
67. Los dragones duermen cuando hace más calor y, por lo tanto, hibernan en sus hogares acuáticos.
68. «Flor» o «esencia», ambos significados son profundos.
69. Este es simplemente «flor», pero también puede contener significados esotéricos.
70. Causado por posos de té. El polvo no era tan fino como el *matcha* moderno.

---

89 Catalpa es un género de árboles caducos de la familia de las bignoniáceas, nativo de regiones templadas de Norteamérica, las Antillas y el Asia Oriental.

71. En esta parte, el Maestro Lu no se refiere a las tres etapas de hervir el agua, sino a los hervores del té. El té se podría volver a hervir, aunque el primero sería obviamente el mejor.
72. Añadiendo esto de nuevo al té como se hacía con el agua extraída en la infusión inicial.
73. Este es otro lugar donde el té como filosofía de la medicina está saliendo a escondidas a través de los escritos del Maestro Lu. Cuando el té se toma como medicina, no es necesario beber tanto.
74. No se puede traducir del chino esta jerga específica de un contexto tan antiguo. Los misterios se filtrarán a través del texto del Maestro Lu. Sospechamos que eso habría sido cierto incluso en su época.
75. Aquí el Maestro Lu no se refiere a hojas envejecidas, sino a hojas que se dejaron crecer más en el árbol. Estos a menudo se llaman *huang pian* (黄片) en la actualidad.
76. Como la vida, el sabio sabe que lo amargo y lo dulce deben estar juntos.
77. Uno de los cinco obstáculos budistas para la meditación, o «impedimentos (nivarana)». Los otros son aversión, anhelo, inquietud y duda.
78. Shennong (神農) probó cientos de plantas y hierbas para identificar sus propiedades medicinales y/o efectos venenosos en los seres humanos. Según investigaciones posteriores, se cree que una antología muy posterior de su comprensión, el *Clásico de Medicina Herbaria* de Shennong (*Shennong Bencao Jing* 神農本草經), se escribió entre los siglos I y III.
79. Yan Ying (晏嬰, 580-510 a. C.) fue un filósofo y primer ministro durante la dinastía Zhou (周) del Medio Oriente (771-476 a. C.). Cuando el poder del rey Zhou disminuyó, los feudos se volvieron más independientes y luchaban constantemente por el poder. Una vez, cuando viajó al poderoso estado feudal de Chu en una visita

diplomática, el gobierno de Chu quiso humillarlo y le abrió solo una pequeña puerta, en lugar de darle la bienvenida a través de la puerta principal. Le dijo al portero: «Si estoy visitando un estado canino, pasaré por la puerta para los perros. Si voy a entrar en el estado de Chu, no debería entrar por esta puerta». Más tarde respondió al comentario sarcástico del duque de Chu sobre su estatura por debajo del promedio: «Mi duque es sabio y envía diplomáticos en consecuencia. Tengo las menores virtudes entre mis compañeros y por eso estoy aquí». Durante sus cuarenta años como primer ministro, logró convertir a tres duques en mejores gobernantes al no permitirse su propio placer extravagante o enredos personales con otros señores feudales, enseñándoles a ser amables con sus súbditos.

80. Yang Xiong (揚雄, 53-18 a. C.) fue un lingüista y filósofo que creía que la naturaleza humana no es ni del todo buena ni del todo mala, sino una mezcla de ambos, por lo que la forma de cultivar el carácter es la clave de la vida. El estilo de escritura superfluo y banal de la época no era de su agrado. Dedicó su tiempo a escribir libros más significativos, como la primera y más importante colección de dialectos locales en la China temprana.

81. Sima Xiangru (司馬 相 如, 179-117 a. C.) fue el poeta más famoso de la dinastía Han. Debido a su tartamudez, era antisocial y, en consecuencia, nunca llegó a un alto cargo en la corte. Sin embargo, una noche, después de escucharlo tocar la cítara (*guqin*, 古琴), la hija de un alto funcionario se fugó con él.

82. Wei Yao (韋曜, 204-273 d. C.) fue el primer presidente de la Universidad Imperial de Nanking del Reino Wu durante los Tres Reinos (220-280 d. C.). Fue un importante historiógrafo que escribió la historia más autorizada y justa del estado de Wu y ocupó el puesto más largo como historiador en la historia de China. Durante los Tres Reinos, la guerra constante sobre el «Mandato del

Cielo» y los aliados en constante cambio entre los estados hicieron que fuera extremadamente difícil escribir una historia. Debido a lo que escribió, su integridad y la seguridad de toda su familia y amigos estaban en peligro.

83. Liu Kun (劉琨, 270-318 d. C.) creció con una disciplina muy fuerte. Él y su amigo se levantaban al amanecer para practicar el manejo de la espada todos los días desde que eran niños. Más allá de ser un gran poeta y músico, también fue un general exitoso y ganó muchas batallas durante su servicio. Estuvo expuesto a la música de los nómadas mientras luchaba a lo largo de la frontera y se convirtió en el primer músico chino conocido en incorporar estilos musicales étnicos a la música china. Cuenta la leyenda que una vez, durante una batalla nocturna, tocó la música de los nómadas tan bien que los nómadas comenzaron a extrañar su tierra natal y abandonaron el campo de batalla.
84. Murió en el año 395 d. C.
85. Xie An (謝 安, 320-385 d. C.) fue un importante estadista, figura literaria y conocedor de la caligrafía y el arte en la dinastía Jin del Este (265-420 d. C.). Fue tan popular en los círculos literarios de la época que existen muchas anécdotas sobre él que son muy conocidas incluso hoy en día. Similar a los Tres Reinos, la dinastía Jin fue parte de las Seis Dinastías, y varios regímenes luchaban entre sí por el poder en China. Aunque no quería ser parte de la política, estuvo a la altura de las circunstancias cuando fue necesario y ganó varias guerras. Los literatos de las generaciones posteriores a menudo lo elogiaban y algunos incluso lo adoraban en los templos, como Lu Yu. En la actualidad, hay al menos un templo en Taiwán dedicado a él.
86. Zuosi (左思, 250-305 d. C.) fue un poeta durante la dinastía Jin Occidental (265-420 d. C.). Después de escribir tres rapsodias

(un estilo de poesía elaborado y extravagante) en tres ciudades capitales, su obra se hizo tan famosa que el precio del papel se elevó en la capital porque mucha gente quería una copia de sus poemas. Más tarde, se hizo famoso por evitar el extravagante estilo de vida literario de sus contemporáneos y, en cambio, siguió centrándose en los temas didácticos que deseaba exponer.

87. Es un error promulgado en la literatura occidental que la gente únicamente «hervía té en Tang, lo batía en Song y lo remojaba a partir de la dinastía Ming». Estos eran solo estilos de elaboración de cerveza populares durante esos tiempos, y en su mayoría populares entre los estudiosos que escribieron la historia de China. En realidad, China es una vasta tierra llena de diferentes pueblos con diversas culturas, y siempre ha habido muchos estilos de elaboración de cerveza distintos.
88. El Dao De Jing dice que los valores de la corriente principal son evitados por el sabio.
89. Como dicen, «la aficionada bebe té con la boca, mientras que el maestro bebe con todo su ser». Sorber y oler, comentar cómo el té «sabe a hongos» es algo común para principiantes y novatos incluso hoy. Lamentablemente, una relación tan superficial con el té significa que uno se pierde mucho de lo que el té tiene para ofrecer.
90. Otro presagio del poema *gongfu*, «con movimientos lentos, suaves y elegantes».
91. El Maestro Lu sugiere que beber té durante todo el año significa una práctica continua. Además, el té es muy diferente según la temporada. Incluso hoy en día, el clima desempeña un papel importante a la hora de elegir qué té preparar y cómo prepararlo. También es interesante que la gente común beba más té caliente en verano, lo cual es saludable según la medicina tradicional china.

92. El tres es un número sagrado en las filosofías taoísta y budista. Son tres tazones por hervor. Como se mencionó en otra parte, el té se puede volver a hervir.
93. Existe cierta confusión y dificultad para traducir esta última línea (del chino). Se requería algo de intuición. Con el tiempo, cinco se ha convertido en el número típico de tazas o tazones en un juego de vajilla. Cuatro es un número desfavorable en la superstición china, ya que la palabra es un homófono para «muerte». El cinco representa los cinco elementos, las cinco relaciones cardinales del confucianismo, los cinco sabores, las cinco montañas sagradas y muchos otros factores que han contribuido a una creciente afición cultural por las cosas que vienen de a cinco. El Maestro Lu probablemente llevaba más tazones, ya que mencionó que la canasta para llevar tazones podía contener diez, pero algunos de estos pueden haber sido extras por si acaso. Quizá la palangana de agua como sexto cuenco podría haber sido utilizada por el anfitrión.
94. En la tradición, a menudo se colocan tazas/cuencos de té para todos nuestros amigos que no están en la sesión, o para cualquiera a quien le enviemos buenos deseos ese día.
95. El duque de Zhou era un miembro de la dinastía Zhou que desempeñó un papel importante en la consolidación del reino establecido por su hermano mayor, el rey Wu. Es conocido a lo largo de la historia de China por actuar como un regente capaz y leal de su joven sobrino, el rey Cheng, reprimiendo con éxito una serie de rebeliones y aplacando a la nobleza Shang con títulos y posiciones. También es un icono cultural chino acreditado por escribir el *I Ching* (易經) y el *Libro de Poesía* (詩經), establecer los *Ritos de Zhou* (周禮) y crear el *yayue* (雅樂), música clásica

china con fines rituales. La *Erya* es la enciclopedia china más antigua que se conserva.

96. Cuenco de té.
97. A pesar de que era el primer ministro del duque, seguía manteniendo un estilo de vida frugal, comiendo mijo en lugar de arroz. Según este relato, Yanzi fue la primera persona en China registrada como bebedora de té, aunque el té es, por supuesto, anterior.
98. Lu Na era famoso por ser un alto funcionario que nunca sobornó a ningún funcionario superior, viviendo un estilo de vida frugal. A pesar de que su sobrino tenía buenas intenciones, sus acciones podrían darle a Xie An la impresión de que la modesta reputación de su tío era infundada y que, de hecho, estaba haciendo la pelota a su superior.
99. 312-373 d. C.
100. (揚州) Actualmente Jiangsu (江蘇).
101. Esta es una recopilación de leyendas, cuentos y rumores sobre espíritus, fantasmas y otros fenómenos sobrenaturales.
102. 271-318 d. C.
103. (南兗州) Actualmente Qufu (曲阜), Shandong.
104. Esta es una de las cincuenta hierbas medicinales chinas más utilizadas. Generalmente se refiere a la raíz seca de *Scutellaria baicalensis*.
105. 239-294 d. C.
106. Fu Xian era el gobernador del estado de Yuzhou (豫州, actual área de Henan), que fue el centro de los nueve estados más antiguos desde la legendaria dinastía Xia (siglos XXI al XVII a. C.). A partir de la dinastía Han, esta área era un distrito especial similar a Washington D.C. en los Estados Unidos. Empleó su título oficial como título de su obra.
107. (餘姚) Actualmente provincia de Zhejiang (浙江).

108. Zhuo Wangsun era el suegro de Sima Xiangru. Tenía más de 800 sirvientes en su casa y celebraba banquetes extravagantes todo el tiempo.
109. Es decir, las seis mejores bebidas.
110. Los nueve lugares donde se siente el pulso, es decir, por todo el cuerpo.
111. (傅巽), activo alrededor de 200 d. C.
112. No se puede encontrar ninguna información sobre esta persona ni sus escritos. Su apellido también es muy raro. Ni siquiera es seguro que este sea su nombre correcto. Esta es una cita interesante y oscura.
113. 218-293 d. C.
114. Como hace a menudo el Maestro Lu en este sutra, a otros eruditos chinos también les gustaba enumerar y clasificar las mejores cosas: en poemas, ensayos, etc.
115. 140-208 d. C.
116. Algunos autores interpretan esta cita en el sentido de que «un buen té se puede preparar durante mucho tiempo y aun así sabe bien».
117. No está claro si se refiere a hervido en el té o simplemente en la dieta.
118. 276-324 d. C.
119. En ese momento, debido a la agitación política, muchos chinos huyeron al sur después de la invasión de los nómadas del norte. Esos aristócratas perdieron sus títulos, una vida cómoda e incluso tuvieron que aprender nuevo vocabulario o incluso diferentes idiomas.
120. Esto ilustra la cita anterior de Guo Pu.
121. Esto muestra los diferentes usos de la terminología en distintas áreas.
122. (宣城) Actualmente Anhui (安徽).

123. El emperador Hui de Jin (晉惠帝, reinado entre 290-306 d. C.) era conocido por no simpatizar con la difícil situación de sus súbditos. Era notoriamente ajeno al mundo. Algunos historiadores sostienen que fue desafiado intelectualmente. Uno de sus incidentes más absurdos fue cuando un funcionario le dijo que había una hambruna y que mucha gente se estaba muriendo de hambre. Preguntó «¿Por qué no comen papilla de cerdo molida entonces?».
124. Las monedas chinas tenían agujeros cuadrados en el centro para unirlas.
125. 276-323 d. C.
126. Murió en 310 d. C.
127. Quiere decir que el príncipe heredero no debería participar en ese comercio.
128. (新安) Actualmente Shexian (歙縣), Anhui.
129. (豫章) Actualmente Nanchang (南昌), Jiangxi.
130. Actualmente Anhui.
131. 415-453 d. C.
132. 414-466 d. C.
133. Desafortunadamente, ninguna de las rapsodias ha sobrevivido.
134. El emperador Wu (南齊世祖武皇帝, 440-493 d. C.) fue un gobernante muy empático que otorgó alimentos de emergencia, apoyo y elevó los impuestos cada vez que había una hambruna o una inundación. También perdonó a muchos criminales. Estableció muchas escuelas y animó a la gente a estudiar. También promulgó «leyes suntuosas» para disuadir a la gente de desperdiciar demasiada comida y decorar en demasía banquetes, bodas y funerales.
135. 481-539 d. C.
136. 456-536 d. C. Fue un famoso doctor y experto en caligrafía china.

137. Seguimos encontrándonos con «Vermillion Hill». Este título, así como «El caballero de la montaña verde» son términos genéricos para los sabios taoístas.
138. 464-501 d. C.
139. (琅琊) Actualmente provincia de Shandong.
140. A primera vista, esta cita parece menospreciar el té, que el Maestro Lu no incluiría en su sutra. Sin embargo, implica que Wang Su es un bárbaro del norte y no un caballero. Por lo tanto, lo que dice sobre el té no puede tomarse al pie de la letra.
141. (西陽) Actualmente Huanggang (黄岡), area de Hubei.
142. (武昌) Actualmente Wuchang, Hubei.
143. (廬江) Actualmente Shucheng (舒城), Anhui.
144. (昔陵) Actualmente Changzhou (常州), Jiangsu.
145. Tianmendong es una hierba medicinal china muy común.
146. (巴東) Actualmente ciudad de Chongqing (重慶).
147. Los árboles o arbustos de *Dalbergia hupeana* son famosos por su madera fragante y hermosa. A menudo se le llama «sándalo».
148. Pueden ser espinos o ciruelas.
149. No estamos seguros de qué planta es esta. Puede ser la hoja de una especie de calabaza.
150. 618-652 d. C.
151. (溆浦) Actualmente Xiangxi (湘西), Hunan.
152. Eso debería seguir ocurriendo.
153. Murió en 451 d. C.
154. (烏程) Actualmente Huzhou (湖州), Zhejiang.
155. Es una forma de referirse al emperador.
156. Actualmente Yichang (宜昌), Hubei.
157. (永嘉) Actualmente Wenzhou (溫州), Zhejiang.
158. (山陽) Actualmente Huaian (淮南), Jiangsu.
159. (茶陵) Actualmente Chaling, Hunan.

160. Fueron necesarios veintitrés eruditos durante tres años para completar esta colección de 844 hierbas medicinales en el año 659 d. C. Se basa en el libro sobre hierbas chinas escrito por Tao Hongjing, por lo que se llama la «nueva edición». Y se dice que es la primera materia médica del mundo.
161. ¿Alguien quiere probar un poco de té en sus verrugas?
162. (益州) Actualmente oeste de Sichuan.
163. *Tu* significa «hierba amarga».
164. En este caso, «Clásico» es mejor que «Sutra».
165. *Glycyrrhiza uralensis*, también conocida como «regaliz chino» es una hierba común en la medicina tradicional china.
166. Incluso hoy en día es común que los médicos chinos tradicionales apliquen parches de hierbas en las heridas y lesiones para promover la curación.
167. En 627 d. C., el emperador Tang Taizong revisó el sistema de administración en China y dividió la nación en diez circuitos, rutas o áreas. Más tarde, el emperador Tang Xuanzong agregó cinco circuitos más. Curiosamente, se utilizó la palabra «Tao». En este capítulo, Lu Yu clasifica los grados de té en orden para cada uno de los circuitos o áreas que eran una región de cultivo de té.
168. (峽州) Actualmente Yibin (宜賓), Hubei (湖北).
169. (襄州) Actualmente Xiangfan (襄樊),Hubei.
170. (荊州) Actualmente Jiangling (江陵), Hubei.
171. (衡州) Actualmente Hengyang (衡陽), Hunan (湖南).
172. (金州) Actualmente Ankang (安康), Shanxi.
173. (梁州) Actualmente Hanzhong (漢中), Shanxi.
174. (光州) Actualmente Guangshan (光山), Henan (河南).
175. (義陽郡) Actualmente Xinyang (信陽), Henan.
176. (舒州) Actualmente Taihu (太湖), Anhui (安徽).
177. (壽州) Actualmente Shouxian (壽縣), Anhui.

178. (蘄州) Actualmente Qichun (蘄春), Hubei.
179. (黄州) Actualmente Huanggang (黄岡), Hubei.
180. (常州) Actualmente Changzhou (常州), Jiangsu (江蘇).
181. (宣州) Actualmente Xuancheng (宣城), Anhui.
182. (杭州) Actualmente Hangzhou (杭州), Zhejiang.
183. (睦州) Actualmente Tonglu (桐廬), Zhejiang.
184. (歙州) Actualmente Shexian (歙縣), Anhui.
185. (潤州) Actualmente Zhenjiang (鎮江), Jiangsu.
186. (蘇州) Actualmente Suzhou (蘇州), Jiangsu.
187. (彭州) Actualmente Pengxian (彭縣), Sichuan.
188. (綿州) Actualmente Mianyang (綿陽), Sichuan.
189. (蜀州) Actualmente Guanxian (涫縣), Sichuan.
190. (邛州) Actualmente Qiongxia (邛峽), Sichuan.
191. (雅州) Actualmente Ya'an (雅安), Sichuan.
192. (瀘州) Actualmente Luzhou (瀘州), Sichuan.
193. (眉州) Actualmente Meishan (眉山) Sichuan.
194. (漢州) Actualmente Guanghan (廣漢), Sichuan.
195. (越州) Actualmente Shaoxing (紹興), Zhejiang.
196. (明州) Actualmente Ningpo (寧波), Zhejiang.
197. (婺州) Actualmente Jinhua (金華), Zhejiang.
198. (台州) Actualmente Linhai (臨海), Zhejiang.
199. El Maestro Lu estaba menos familiarizado con las tres últimas rutas, como dice al final del capítulo. En consecuencia, esta sección es menos una clasificación y más una lista de dónde crecen los árboles de té.
200. (恩州) Actualmente Yanhe (沿河), Guizhou (貴州).
201. (播州) Actualmente Zunyi (尊義), Guizhou.
202. (費州) Actualmente Sinan (思南), Guizhou.
203. (夷州) Actualmente Fenggang (風岡), Guizohu.
204. (鄂州) Actualmente Wuchang (武昌), Hubei.

205. (袁州) Actualmente Yichun (宜春), Jiangxi (江西).
206. (吉州) Actualmente Jian (吉安), Jiangxi.
207. (福州) Actualmente Fuzhou, Fujian (福建).
208. (建州) Actualmente Jianou (建甌), Fujian.
209. (韶州) Actualmente Shaoguan (韶關), Guangdong (廣東).
210. (象州) Actualmente Xiangzhou (象州), Guangxi (廣西).
211. Este festival se llama literalmente «comida fría (*hanshi*)». Por lo general, es uno o dos días antes de *Qingming* (清明, *Día de barrido de tumbas*). Desde el Día de la Comida Fría hasta *Qingming*, las personas no deben cocinar y solo deben comer alimentos crudos. Cuenta la leyenda que Jie Zhitui (介 之 推) era un oficial leal al duque Wen de Jin mientras el duque estaba en el exilio. Después de que el duque regresó a su palacio, quiso agradecérselo a Jie, pero este rechazó a servir en la corte y se escapó. El duque se sintió ofendido y ordenó a sus hombres que quemaran la montaña donde vivía Jie para sacarlo de su escondite. Más tarde, Jie descubrió que su madre había muerto quemada. El duque sintió remordimiento y decretó que ese día no habría comida: un día de comida fría para conmemorar a un hombre tan noble.
212. Aunque todo el sutra está lleno de la «manera correcta» de preparar té con maestría, al final el Maestro Lu vuelve nuevamente a las hojas, el agua, el calor y la naturaleza.
213. El Maestro Lu probablemente esté insinuando que se podría usar una piedra para esparcir sobre ella los utensilios para preparar té.
214. Un caldero de hierro portátil común que estaba suspendido de un trípode plegable, que podría usarse para preparar té o cocinar al aire libre.